地域協働のマネジメント

佐々木 利廣 ──────── 編著
認定特定非営利活動法人 大阪NPOセンター ──── 編

Management of Regional Collaboration

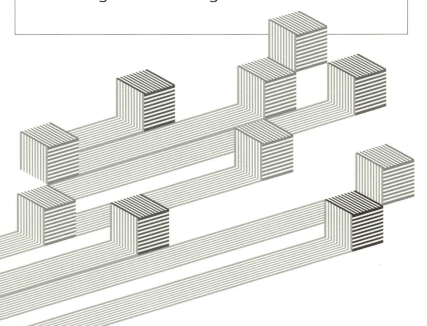

中央経済社

はじめに

　地域共創という掛け声とともに，多くの地域において中央からある程度距離を置きながら独自の取り組みを模索する動きが出始めている。その取り組み内容は，地方行政機関がイニシアティブをとるかたちで進められているケースもあるが，多くの場合は様々なセクターが協働しながら新しい価値を創造しようとするケースが多い。科研費支援のもと全国地域を回りながら行政機関，地域企業，NPO法人の生の声を聞く中で感じることは，まさに地域のことは地域で解決するという方向性である。それも強力なリーダーシップを発揮する主役としての組織が存在し，その下に脇役としての大多数の組織が存在するという構図ではなく，地域で活躍する多様な組織が主役になったり脇役になったりしながらお互いにうまくやっていくような構図である。

　manageの語源が「馬の手綱をとること」であり，組織がうまくやっていけるように手綱をとることがmanagementの基本であるという。このように考えると，ただ上から統制することが地域創生や地域活性化への道ではなく，地域の多様なアクターがうまくやっていけるように手綱をとることが地域における組織間協働マネジメントのポイントであろう。

　本書では，地域に存在する多様な組織がその関係をいかに強くするかという視点を議論しているだけではない。協働の関係をいかに強固にするかを考えるだけでなく，むしろ協働の関係の糸を緩めたり解いたりすることも重要であると考える。こうした「たおやかさ」に加えて，協働相手の振幅を外野としてとらえるのではなく，自分の振幅と同調させていくことから生まれる「共振性」が新しい協働の姿であると考える。こうした問題意識をもとに，関西の行政やNPOや大学に携わるメンバーとともに本書を企画した。執筆者のほとんどは，京都産業大学経営学部あるいは大学院マネジメント研究科博士後期課程修了生であり，それぞれ固有の専門フィールドをもちながら，全国各地の協働ケース

i

について調査してきた。以下各章の概要を簡単に説明しておく。

　第1章は本書の基本的視点を提示している。前半は「協働」がどのように議論されてきたかを振り返りながら，協働を実践するためのポイントについてまとめている。後半はノットワーキングという視点から地域協働を見ることの可能性について問題提起を行っている。

　第2章と第3章は，山形県山形市と栃木県益子町という地域で生まれた地域協働をケースに企業版地域協働を分析している。具体的には山形市におけるシベールアリーナを通じたメセナ活動と益子町における益子焼データベースプロジェクトと濱田庄司登り窯復活プロジェクトのケースであるが，いずれも企業と行政とNPO法人が協働パートナーとして参加している。

　第4章と第5章は行政版地域協働を扱った章であり，公募副市長として執筆者自ら協働を実践してきた過程を分析している。具体的には，兵庫県豊岡市で進められた協働型プログラム評価をもとにした新しいガバナンス体制の構築過程，そして東京アンテナショップ事業と城崎温泉インバウンド事業を通じた行政職員の意識変容の分析である。

　第6章と第7章はNPO版地域協働を扱った章であり，新潟県，福岡市，岩手県雫石町のNPO法人が企業や行政と協働しながら事業型NPOとして自主独立していく過程を分析している。

　第8章もNPO版地域協働を扱った章であるが，企業や行政やNPO法人の間の調整役を果たす中間支援組織として活動してきた大阪NPOセンターをケースに，多様な組織間の協働に中間支援組織としてどのように関わってきたかを分析している。

　第9章は大阪市西区を中心にした地域コミュニティの再構築の取り組みを参与観察に基づいて記述している。地域内外の多様な人々の交流の場の空間的広がりと有機的連携が，新しい地域コミュニティの創造につながることを主張している。

　第10章は大学版地域協働の章であり，愛知県蒲郡市における大学と行政と商店街の連携事例を分析している。とりわけプロジェクションマッピングという

はじめに

デジタルコンテンツが地域協働に大きな効果を持つことの実践例として貴重である。

終章は協働からコレクティブインパクトへの移行を強調した章であり，日本でも今後議論されるべきテーマであることを紹介している。

以上のように本書では，地域における複数組織の連携や協働の動きをフォローしながら，地域を元気にすること，地域を活性化すること，さらには地域を変えることに協働というコンセプトがどれだけ有効なのかについての試論を述べようとした。さらに地域連携や地域協働の組織論，さらには地域における組織間協働マネジメントの今後の方向性についても明らかにしようとした。今後も，こうした方向性を大切にしながら持続可能な協働を進めるための研究を続けたい。

2015年春に第1回研究会を開催して以降，各担当者によるケースの発掘や分析，各章間のすり合わせ，そして基本的視点の確認などに予想以上の時間を取られ，出版時期が大幅に遅れることになった。早い段階で原稿をまとめていただいた執筆者にはご迷惑をおかけすることになった。さらに今回も，揃わない原稿を辛抱強く待っていただいた中央経済社経営編集部の酒井隆氏にも感謝申し上げる。

2018年4月

編著者として執筆者を代表して

佐々木　利廣

目　次

はじめに

第 1 章　地域・協働・ノットワーキングの組織論に向けて　1

1　協働という言葉の意味と新規性　1

2　協働と共同・協同　9

3　協働の主体は：誰と誰のための協働か　12

4　地域協働の特徴　15

5　ノットワーキングからの地域協働の可能性　17

6　地域協働に対する新たな視点を目指して　23

第 2 章　地域企業の戦略的地域貢献　27

1　企業の地域社会への関わりの変遷　27

2　地域貢献企業の戦略タイプ　28

3　シベールの戦略的地域貢献——シベールアリーナのケース　30

4　地域企業の戦略的地域貢献と持続可能な発展　40

第 3 章　伝統産業地域における地域協働　43

1　伝統産業と地域活性化　43

2　協働する「場」の構築——事例の検討　46

3　事例から学ぶ伝統産地における地域協働の成功要因　55

4 ノットワーキングの視点から見た伝統産業地域の地域協働　58

5 まとめ　59

第4章 地域協働実現のための新しいガバナンス体制の構築　61

1 新しいガバナンス体制への流れ　61

2 事務事業評価の限界　64

3 協働型プログラム評価　68

4 まとめ　76

第5章 民間副市長による地域協働の推進　79

1 協働による行政職員の意識改革　79

2 事例1：豊岡市の東京アンテナショップ事業　81

3 事例2：城崎温泉のインバウンド事業　85

4 協働による行政職員の意識変容　89

5 まとめ　92

第6章 地域密着志向の事業型NPOの協働戦略　97

1 NPO法人あおぞらポコレーションの概要　97

2 あおぞらポコレーションの事業型NPOへの進化　101

3 リネンウォーター「熊と森の水」の商品化プロセス　102

4 多様な連携を通じたスケールアップへの道　106

5 NPO法人まるの概要　111

6 NPO法人まると多様な企業との協働　113

7 2つの事業型NPOの比較　119

目　次

第7章　NPOと企業と行政の協働による あねっこバスの運営　123

1　新しい地域交通システム　123

2　「あねっこバス」導入までの経緯　124

3　「あねっこバス」のビジネスモデル　133

4　「あねっこバス」の効果　136

5　地域協働と「あねっこバス」　138

第8章　協働における中間支援組織の機能　145

1　はじめに　145

2　中間支援組織に関するこれまでの理論　146

3　組織間関係論から見た中間支援組織　150

4　中間支援組織の機能に関する分析上の限界　155

5　ノットワーキングから見た中間支援組織　156

6　大阪NPOセンター"志"民ファンド　160

7　大阪NPOセンター「CSOアワード」　164

8　中間支援組織のノットワーキング機能　168

第9章　地域コミュニティの再構築 ──つながりから協働の「場」へ　175

1　地域コミュニティの再構築の必要性　175

2　多様な「場」とマネジメント　178

3　つながりから協働の「場」へ　191

Ⅲ

第10章 大学と地域，行政，NPOの連携　197

1 大学の地域連携に対する参画意識の高まり　197
2 地元商店街活性化への参画の経緯　199
3 デジタルコンテンツによる商店街活性化　202
4 地元商店街活性化から地域活性化，社会貢献へ　204
5 協働の成功要因と教育的効果　208
6 まとめ　211

終章 協働からコレクティブインパクトへ　215

1 地域協働の組織論が目指すもの　215
2 コレクティブインパクトの重要性　217
3 共感システム形成のためのハイブリッド組織　219

索　引　221

第 1 章

地域・協働・ノットワーキングの組織論に向けて

1　協働という言葉の意味と新規性

　近年,「協働」という言葉が社会の多様な場面で日常的に使われるようになった。本章では, こうした協働の多様性の推移を探りながら, 各章で分析される地域協働の事例をもとに, 地域協働の議論の中での「新規性」について整理をしていく。

1-1　協働の理由

　「協働」という言葉の顕在化に, ぴったりと伴走するように2010年内閣府から「新しい公共」が出された。これまでのように行政だけが公共を担うのではなく, 地域の多様なアクターと共に歩む新しい時代変化が示されたが,「協働」という言葉の始まりや存在, そして, それを動かす鍵や主体性は, 未だ行政の中にあるのだろうか。それは, 著者の中で潜在的に残る疑問で,「協働」の言葉が持つ響きと現実がその言葉の感触に沿わなくなってきているのではないか, ただ, 行政の新しい仕組みとして押し流され, 終わっていくのではないかという不安が拭えずつきまとっていた。

　新しい公共論については,「市民から委託された政府による一元的な決定で

は，市民ニーズを満たさなくなってきた。そこで，行政だけでなく，市民・NPOなどの多元的な公共主体による多様な決定，サービス提供によって豊かな社会を実現していこうというのが，新しい公共論である[1]。」つまり，これからは，行政以外の多くの力を発揮できる社会を，公共の領域の中で共有し，みんなで改善していこうというわけである。

また，そこで生まれる，様々な協働のバランスや関係性，役割を守るための公共のルールとして，市民協働条例等が各地で策定されていった。

ルール策定には，すでに地域で活動をしている人をはじめ，協働の担い手となる人，協働による多様なサービスに期待している人などの意見が行政からの委員会等で議論され，市民からのパブリックコメントを受け，協働のルールとして条例化された。行政の領域では，本来，協働によって行政が守ってきていたシステムの見直しをせざるをえない。また，地域の領域も，縛りのない自由な活動から一定の公共的な責任を負っていかなければならない状況になっていく。そこを，どう絡めながら，新しい公共の担い手とし機能させていくのか。松下啓一氏は，全国に先駆けてこうした点に取り組み，自らの行政現場での体験を市民協働の事例として，著書で紹介している（松下　2002, 2009）。

その当時，著者自身も，行政（公設公営）のNPOセンターの職員でありながら市民活動をライフスタイルとしてきた。つまり，自らも，協働の始まりの時代に，行政と市民活動という立場に片足ずつで立っていたわけである。だからこそ，各現場で感じていた複雑な思いもあった。

ただ，漠然と進み出した協働という言葉の行き先，そして，その言葉だけにつながるであろう，新たな関係性について，まだ見えない疑問を感じていた。

1-2　協働が持つ関係性

ここでは，各セクターと地域（NPOや市民活動）協働の関係について取り上げてみたい。

地域にとって，「新しい公共」と「協働」は，いよいよ「官から民の時代へ」という心地よい響きを持つ沸き立つ時代の幕開けでもあった。

第1章 地域・協働・ノットワーキングの組織論に向けて

　地域は，これまで，変わることなく続いてきた官の主導的な「公共」に対し，任せきれない思いを持ち続けており，セクターを越えた協働は，まさに共に走ることができる力を感じる言葉として捉えられた。

　しかし，地域協働が始まる以前からも，NPO活動を中心とした市民活動は，様々なつながりを持ちながら声を上げてきた。これからの地域協働は，その活動を自分たちだけにとどめず，何者かによって壊されることも恐れず，志を社会の仕組みとして活かし合うために，本気で踏み込む勇気と覚悟が試される場面でもあった。

　近年，日本各地で起こる災害時の助け合いだけではなく，あらゆる社会生活の場面で，地域協働があてにされる時代になってきたわけである。これまでのような，お上任せ，人任せでは現場は成り立たないという，もどかしさや危機感が，やっと社会全体に生まれてきたわけである。実際に，地域からの協働の立案や，主導する場面も増えてきた。

　これまでは，こうした地域からの意見（NPOに限らず）は，俗に行政側からは「市民の声」と言われながらも，その声は権限を持たず，効力としても示されにくいものであった。行政の予算や制度，政策決定の場面では，地域からの声は，斬新なアイデアとしては広く参考にされるが，それを活かし合う協働のテーブルがなければ，ただの思いつきの提案にとどまり，行政も地域の思いを十分に拾いきれない結果に終わってしまう。

　結局，行政によりリメイクされるが，最後には「予算がない」と押し切られてしまう。地域協働は，こうした市民活動が報われない歯がゆい時代を背景としており，体力的には，行政は担当者が数年で入れ替わりながら協働に関われるが，地域にとっては，限られた人間が，長く綱を引き合う時間ばかりに追われていく。そんな地域の葛藤は，なかなか協働の場面では，整理しきれないことでもあった。

　また，行政組織も，地域協働の中では，地域住民であり，地域への思いと葛藤は同じではあるが，協働という場面では，わかり合えるようで，互いに伝わらないもどかしさもあった。

3

| 図表1-1 | 協働の心地よさと現実 |

新しい公共⇒協働＝明るい未来の創造

NPO側
- 行政との協働で対等な立場で役に立てるという自負
→ 行政が手を入れにくい場所に協働の力を発揮してほしいという期待と専門性とのギャップ

行政側
- 協働はお上が決めた政策と受け止め，いつまでも踏み込めずに途方に暮れる行政職員
- 地域住民として強い協働の意欲を持ちながら，行政組織の中では変えられない自分との葛藤や戸惑い

協働＝お互いの覚悟と実行力⇒協働力

出所：筆者作成。

　そのもどかしさの深みとは，行政組織の持つ公益性・公平性を保つという立場では，手を入れにくい所（隙間）であり，立ち入れないところであった。

　反面，地域は，そういった日常の場所には，身近で立ち入りやすいので，行政は「ぜひそこを協働の力で」と地域に譲り期待をするが，必ずしも，この要望が，地域のミッションであるとは限らない。

　また，地域は，行政からの期待に応えることで「行政との協働に対等な立場で役に立った」と自負し，それが協働の成果として勘違いをしてしまうこともある。

　ここで，双方に気づいてほしいことは，お互いの立場を補うことや肩代わりをすることだけが協働ではないということである。もちろん，行政の短期的なコスト削減のためでも，地域が活動を継続するための資金目当てに行うことでも，まして，地域が行政の下請け的に役に立つことでもない。あくまでも，地域協働は，互いの組織や地域での力を理解し支え合い，同じ地域の住民として，地域が主役の活気ある社会を目指すことである。

　協働への不慣れさは地域だけではなく，行政にも見られた。行政職員の中には，ひとりの地域住民として，強い協働への意欲を持ちながらも，組織の中で

第1章　地域・協働・ノットワーキングの組織論に向けて

の自分と葛藤する場面もあった。両者を理解しながらも，どちらの立場でも物が言えなくなるということである。しかし，苦しい立場ではあるが，実は，組織の中でのこうした個人の思いや小さな動きが，のちに本書で最も伝えたい地域協働の新たな展開や気づきにつながる「ほどけかかった糸（糸口）」のようなものではないかと考える。この点については，第5節以降のノットワーキングの議論で論じる。

　当時の行政職員は協働の糸口について，自分達は，どこに何をどう動かし始めたらよいのかもわからず，「ところで，協働ってなんなのでしょうか？」「今さら，地域とパートナーシップを組めと言われてもね。」などと，あくまで，協働は，これまで通りのお上が決めた政策と同様なスタンスであり，いつになっても自らは踏み込めず，途方に暮れる姿さえ見受けられた。しかし，それは，けっして行政の怠慢や力不足という理由ばかりではない。これまでの行政の政策決定の場面を考えると，正直なところであろう。

　行政も長い間，お上という立場（地域との上下関係）での関係に必要な人材が育ってきた。行政は長く，他との協働をあまり必要としないという流れの中にあり，その力を蓄積されることもなかったわけである。ここにきて，急な協働のスタートで，すぐに行政が地域と絡めるわけではない。やはり，地域協働の現実は，重く動かしにくいものであり，双方がわかり合ってもできない，見えにくい，手探りの複雑な関係性が生まれることでもあった。その難しさを越えるには，互いの「覚悟」が必要になる。

　それでは，行政以外のセクターにとっての地域協働はどうであろう。企業にとっての協働は，本書の第2章，第3章の中でもいくつかの事例が述べられている。民（地域・NPO）・産（企業）・官（行政）・学（教育）他，様々なセクターが互いの立場を理解し，進める中で，何より企業の動きは見えやすく，即効力を持ち多様なかたちで確実に突き進んでいった。なぜなら，企業は，現状の組織力については明確であり，そこに付く予算，人材，環境，専門性も限られている。

　何より，企業にとっての協働は，どこにメリットがあるかという成果志向と

効率性が重要である。利益を考えないで，組織の協働を実現，継続することは，困難であろう。ただし，企業には，利益を重んじない社会貢献を軸とした協働の場面もある。そこでは，協働を企業の特色（広報等）として色濃く打ち出されていく。

　企業での取り組みは，外への広がりや注目度をねらいとし，企業のイメージアップとしての戦略や，ネットワークを活かした多様な人材の確保といった，すぐには見えない成果を生み出していく。特に，企業にとって，地域協働のタイミングはとても重要である。企業の利益という目的の中では，できるだけ無駄なく意図的に相手を選びながら，キャリアを積み上げ，緻密にアプローチをしていくが，協働のネットワークでは，偶発的な出会いや出来事を，即興的にアレンジしながら進めなければならない。

　仕事のように計画に固執してしまうと，非現実的な結果を招く場合もある。変化の激しい不安定な時代において，こうした地域協働の関わり方は，一見，不安にも見えるが，仕事では体験できない柔軟性を鍛えられるという人材育成への無限な可能性を秘めている。地域協働は，まさにセクターを越えた人とモノと金，そして情報が，新しい社会の協働のパッチワークとなって紡がれていくことではないか。

　ここでのパッチワークとは，ほどけた糸口の糸を「撚り」，破れた布は「繕い」新たに「貼り」合わせる。形の違う布は新たな人の手により器用に「つなぎ直し」を重ね，ようやく1枚の協働による「参加のデザイン」画として地域に託されていく。

1-3　協働の持つ新規性

　これまでも，国の政策から多くの言葉が生み出されたが，そのほとんどが使い込まれることなく消滅した。その中で「協働」は，近年まれに長続きし，多様性を残しながら，使われながら変化し残った。70年代の「参加」のエールから「参画」へ，そして「パートナーシップ」，「協働」への流れは，個から組織への強いつながりとして点から面に成長し，社会変革として十分期待できる言

第1章　地域・協働・ノットワーキングの組織論に向けて

葉となった。地域協働は，行政と対等なイメージで，さらに地域活動の意欲を駆り立てるパンチの効いたリアクションとして受け入れられていった。

　こうした協働のつながりは，共に活動する機会となり，新たな関係性をつくる場面となり発展した。

　また，協働社会に慣れてくると，その関係性にも変化が生まれ，対等な立場で議論ができる環境や互いに本音で話せ，動くことができるようにもなったわけである。そこで初めて協働への可能性を見出していけるようになった。松下啓一氏は，協働の言葉の感覚をパートナーシップとの差異として，次のように整理している[2]。

　　　「パートナーシップのポイントは，主体，対等，自立（自律），責任，信頼
　　　という関係である。協働は，行動に比重が移った表現であるのに比べて，
　　　パートナーシップは，関係に重点を置いた表現である。」

　つまり，そこから考えると，協働とは，特定の課題解決のために，互いに問題意識を共有し，知恵と存在を持ち寄り行動することで，仲良くはできなくても，切磋琢磨することで，時には強く手をつなぎ，時には上手にほどく，その時々の状況とタイミングを推し量りながら，互いが目的のために自然に行動してゆく。

　これまでの協働では，「どの組織の誰がキーパーソンであるか」といった，人探しにもなりがちであったが，「協働」という流れにより組織が意識を変えながら，そこで，働く人たちが，自然に視野を広げ現場を改善していく。「協働」が個人の秘めた力や新たな思いを存分に発揮するステージにもなる。こうして，外から刺激し合う中での協働の関係性が，当たり前の成果として望める時代がきたわけである。協働のつながりは，こうした人との関係性が要になる。

　地域協働の中での，個人が持つ人同士のつながりや信頼関係は，協働の力に大きく影響していくが，その「人への成果」は見えにくいものでもある。実際の現場では，個人の持つ協働への意識や能力が即効的にうまく結びつき，提案，事業化と進められていくことも多い。

　さらに，様々な個人の力量は，のちに組織力としても発揮されていくように

7

なり，新規性，奇抜性，信頼性といった深い関係の結び目となる「人」が存在していく。

地域協働では，地位や財産，組織での肩書や地縁関係等は通用しない。むしろ，そこに気をつかうと協働の敷居を高くしてしまうこともある。それぞれの現場で何がどう光っているか，互いにどこに興味を引き合い，つながるのか。

そのための，「何かやれそうな感じ」や「同じにおいがする」といった五感の働きも重要なアンテナとなり，しだいに，人への意識が研ぎ澄まされていく。

ただ，そうして築いた関係性も，組織の部署移動により，継続しにくくなる場合もある。いずれ，こうした個人による双方の関係は，切れることも前提であり「ほどく」という，個人の動きは，その人が生きている限り，何度も新たな結びなおしをしながら，個人や組織の気づきとして構築されていく。ここで，やっと「人への成果」が見えてくる。

こうした時代の流れと共に，当初の協働の重さはいくらか軽減し，広く，なだらかに人を通して動き，「人」という結び目に変化していった。

第2章以降の多様な事例にもあるように，協働の主体がどこにあるか（行政・企業・地域・大学など）で，その視点による成果や評価も様々ではあるが，確かに言えることは「新たな協働は，人によって動く」ということで，何より喜ばしい成果と考える。

1-4　協働の多様性と進化

「協働」の使われ方も時代と共に社会に急速に浸透し，その多様性も無限化している。その多様な組み合わせと進化を新しい協働の成果としてとらえるべきではないか。この協働の進化は，ゆるやかに，ハイブリッドな関係性へと重心を変えている。地域協働の地域，そのものが「資源」であり，「受け皿」でもある。

しかし，実際，地域の中では，そのどちらにも気づきにくく，解決につながらないことが多い。そこで，協働という取り組みにより，地域を巻き込み，新たな資源の掘り起こしを始めていくことが地域課題の解決であろう。ただし，

全ての地域課題が協働により解決できるわけでもなく，協働の議論が十分に成されているとも言えない。

　また，協働の関係性も固定的なものではなく，不安定感を感じがちだが，そもそも，協働は，多くの課題が発生しながら共に解決していく過程であり，そこでの地域は，単なる空間や資源の集合ではない。各アクターが，主体的に思う協働のイメージを，受け皿となる地域にしっかり伝え，理解し合いながら進化させていくことが大切である。

2　協働と共同・協同

2-1 「協働」と「共同」と「協同」の差異

　ここでは，「協働」が多様に使われる前の，「共同」「協同」といった言葉との差異を整理したい[3]。鷲田清一氏は著書の中で次のように述べている（鷲田 2014）。

　「ある共有された目的を達成するために力を合わせるのが「共同」「協同」なのに対して，目的がぴたりと一致しているわけではなく思いの込め方にも違いがあるが，とりあえずできるところでいっしょにやりましょうという感覚で行われるのが「協働」だということになろうか。そうだとすれば，「協働」がどうやらもう一つの流行りことば「新しい公共」と響きあっているらしいことも合点がゆく。」「パブリックなものを職業政治家や行政機関にまかせっきりにするのではなく，それぞれがふだんはじぶんの持ち場や務めに専念しつつも，皆にかかわるパブリックなことがらについてはあるていど協力して負担してゆく。ただし，地域の顔役や実力者といった固定的なリーダーがいるわけではなく，それぞれがリーダーに推されたりフォロワーに回ったりと，そのつどの事情に応じて役を引き受ける。だが，フォロワーであるときも全体に目配りことは忘れない……。そのような「協働」のかたちなら，このことばを，使ってみてもいいかなとおもわ

いでもない」

　ここでも，言葉の差異を含め，「協働」は，その結び目に関わる人への展開とゆるやかな関係性を作っていくことへの理解にたどりつく。

2-2　シェアリングへの注目

　近年の協働社会の新規性として，シェアリング（sharing，共有すること）が注目されている。ここでのシェアとは，協働のノウハウを社会資源として惜しみなく移転していくことで，協働の機能性が社会全体で高まっていくということである。人，モノ，金，情報，仕事，空間，環境等，社会の多様な場面の可能性をシェアする。これまでの，協働の「重さ」や複雑さ，混在した関係性の葛藤と相反した考え方として，価値観やノウハウを押し付けない「軽さ」への流れである。

　実際，苦労して築いた協働の関係性も，未来永遠に絶対的な継続保障があるわけではない。シェアするということは，まず，自前の固執した協働の概念を持ち続けないというひとつの手段である。なぜなら，協働の一番の困難は継続性であるからだ。

　ソーシャル・ビジネス的な発想の中でも，短期的に課題解決をすることだけではなく，先々を見越した5年，10年の社会をどうしたいかという能動的なビジュアル感が必要とされてきている。新しい協働をつくり，壊しながら進化していくこと（結びながら，ほどきながら）「続けながら動く」という力こそが重要であろう。そのプロセスに意識を集中させるには，常につくり上げた協働への執着を解き放ち，誰もが容易にコピーやアレンジができるよう，たおやかな社会資源として惜しみなく自由に提供していくことである。

2-3　新しい協働の兆し

　実際に，地域協働の流れや仕組みを，地域活動の動脈とするには，困難も多い。本書では，協働が生まれ破壊されるプロセスの循環的関係性を**図表1-2**のように考えている。

10

図表1-2　協働が生まれ破壊されるプロセス

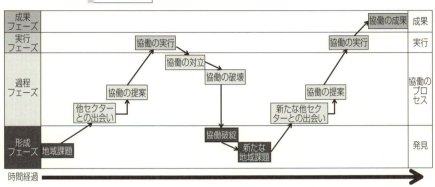

出所：筆者作成。

　まして，協働の相手が行政の場合は，年度予算等に伴う時間的な制約があり，さらに解決を迫られる。そうなると，現状で見えやすい成果に向けての議論を急ぎ，結果，安易な協働のひとコマだけに終わってしまう。苦労して進んだように見えて，進みきらなかった無念さと疲れが残ってしまう。しかし，こうした，遅々たる歩みは，土着性，地域性から見ると，協働を根付かせる重要なプロセスなのかもしれない。失敗して気づく，また繰り返すといった，まさに無駄な時間を費やすことが，しだいに互いの組織への理解につながっていくように感じる。

　新しい「協働」の兆しは，地域を包み込める多様な時間と機能を持ち，何度も誰もが自由に「結びなおし」つくり上げていける。大きな組織も小さな組織も頑固な組織も，誰かに包まれ，運ばれ，広げられ，楽しんでもらえる可能性を秘めていることである。

2-4　協働の関係性への考察

　ここでは，協働の決め手となる，地域と社会との関係性について，ある地方行政での事例を紹介する。行政がNPOに肩代わり的な協働を進めた。その，丸投げについては，けっして好感は持てない行為であったが，結果，行政組織

の中では，長年，変えようのない組織の固執した古い縛りが放たれたという展開事例だ。

職員が声に上げにくい課題（ボール）を，あえて協働相手のNPOにキャッチしてもらい，そのボールは地域の中で解放され，新たな「市民から協働の声」として，行政に投げ返してもらった。実に，めんどうなストレスと手間のかかる話ではあったが，ある意味，古い確執の中で埋もれこびりついていた行政組織の課題を協働の力で解決したわけである。つまり，行政も地域の中にあり，行政の中の課題も同じ地域課題として外から押し出し解決できるというわけである。

「行政の抱えている課題を地域が解決する」という発想は，ずいぶん見当違いのように感じるかもしれないが，共に働くという視点から考えれば，理解できる。

この事例は，地域から投げ返されたボールは「誰からの声か」ということで，お互いの立場を利用し合った改善策の一つでもあり「行政の縛りをほどく前向きな組織改革」は新たな協働の自信にもつながった事例である。

「協働」の生みの親であるはずの行政も，自らの組織に悩んでいる。そういう意味でも「協働」は，互いに外から刺激し合い，助け合う，時にはマウンドに立つ投手を巧みに入れ替え，変化球を使いこなす絶妙なチームを作るということではないか。

3　協働の主体は：誰と誰のための協働か

3-1　協働の主体性からの議論と関係

当初，協働のスタートのほとんどは，行政主導であり，他のセクターは様子を見ながらのお手伝い的な立ち位置であったが，いよいよ，時代と共に互いが踏み出さなければならない時が来た。

これまでの協働の背景には，各組織の「領域的な限界」など，自らが持つ危

機感があったが，自分達の組織の中だけではアイデアも生み出せない，外とのつながりもない，そこで「協働」のカタチとして求め合うという姿が見られてきた。

しかし，求め合うだけでは，自らの組織変革を目指すという志にはほど遠く行政は「地域の皆さんの出番です。頑張ってください。宜しく！」と声をかけ，自分たちは，協働の枠の外で一時避難しているように見えた。

地域も，最初は，その行政からの掛け声に張り切って乗り出すが，慣れない行政との関係性ばかりを気にかけ，走り回り，いつしか地域も「その枠の中で溺れてしまう」という不慣れな協働による危機感を抱えることになった。

行政や企業のような大きな組織では，仕事として嫌な隣人とも人間関係を構築できるが，地域の組織は，やりたいものがやりたいようにやるという「志」を共有していく組織であり仲間だ。こうした，互いの組織の質を意識しシェアしながら新たな人間関係を作ることが，新しい「協働のイメージ」ではないか。

実際，すでに，行政職員が仕事以外の市民として地域活動に奮闘していたり，近年，企業，NPOが行政組織の中で，共に働き，嘱託，委託，指定管理といったかたちで，現場を共有しながら刺激し，協働を展開していくことも珍しくはなくなった。

地域協働は，信頼性と関係性を築くことが全てといっても過言ではない。その際の「伝わりやすい関係性」の効果のひとつとして，例えば，地域住民に向けて，行政の立場では話しにくい現場では，地域のNPOが対等な協働相手として住民に説明や交渉したりすることもある。そうやって，地域との信頼をつなぐ。

特に，まちづくりでは行政の立場ではない，地域の人が前に出て，一緒に作るという近い関係性を現場で作っていくことで，住民の貴重な情報を得，協力的な体制に進展させることができる。

反面，地域（NPO）の立場では信用を得にくい公の組織との交渉や，条例等に触れていく場面では，今度は行政が前に出て地域交渉するといった役目を担うことで，うまく制度を利用しながら協働に導いていく。誰が隣に来て誰に

伝えるかということが，協働の効率化であり，「話が早い」ということになる。

3-2　協働の中の「地域フィクサー」の存在

　協働というイメージからは，組織のリーダーシップの重要性に，注目しがちであるが，実際の成功例を見ると，フォロワーシップの力が要となっている。

　そこには，さらに，番頭的役割の魅力ある人材で，地域をしっかりつなぎとめている信頼度の高い人「地域フィクサー」の存在がある。その存在は，互いの組織を十分に理解し，自らの利益を望まず，表に出ないが風のように人を動かしている。その人たちの共通点は，TV特集のクローズアップもなく，自らも世間に派手なアピールをしない。まさに要的な存在が「地域のフィクサー」だ。例えば，地域の婦人会によくいる面倒見のいいご婦人のように，地域の皆から「居るだけでいい」という絶対的信頼を得ている存在である。

　そのような人は，何事も正規の手段に頼らず，意思決定の過程に介入する人脈などを持つ人物で，このフィクサーが，介入すると往々にしてその手段は公正でなく恣意的な結論となる場合もあるが，実は，協働のスタートの掛け声「どこの誰と誰をつなぐか（協働の主体）」という最初の目利きでは，非常に大切な役割を果たす。もともと，協働のバランスは互いに折り合うことで，その存在こそ，協働の秘策であろう。

　その役割は，協働の現場での理想と現実の間で複雑化する人間関係や利害関係を円滑にすすめることで，近年，そういった力を持つ人材の元に，各セクターからの本気の声が集まるようになってきた。

　こうした協働に関わる人の流れを考察してみると，組織が目指してきた協働の中で行き交う人が，それぞれの組織の中で新たな小さな結び目を作ること，協働での出会いにより，互いの危機感を体感し，これまで持ち続けた組織のイメージを破綻させ，新たな創造につなげることではないかと感じる。

　協働は，人が創り，人がつながり，また人が壊す，そしてそこには新たな人がそれぞれの地域協働によって結ばれる，そうした，勇気ある変革が新しい協働の未来である。

14

第1章 地域・協働・ノットワーキングの組織論に向けて

4 地域協働の特徴

4-1 地域とは何か

　次に，本書で特に注目していく地域協働が指している「地域」とは何かについて検討したい。実は，この「地域」を定義づけることはなかなか困難である。

　例えば，「地域」という語を英訳した場合，area，region，district，communityなどの単語が当てはまる。英和辞典（『ジーニアス英和辞典』）によると，area，regionはともに「地域，地方」という意味があるが，areaは「（特定の）地域，地方」とあり，regionは「（広大な）地域，地方」とある。つまり，regionのほうが空間的に広いことがわかる。他方，districtは「（行政・司法・教育・選挙などの目的で区分された）地区，街，区域，管区」とあり，こちらは人為的に決定された空間であると言えよう。このように，地域という言葉には，意味内容の多義性，空間的範域の多重性がある（森岡　2008）。隣近所のきわめて狭い範囲から，都道府県に相当する広大な範囲に至る全ての空間を内包する言葉として，「地域」が用いられる。そのため，どこを当該地域と規定するのか，どういった意味合いで地域を用いるのかを考慮することが不可欠である。

　しかし，こうした空間的範域として地域を捉える概念だけでは，協働を考える上で不可欠な，地域内の人や組織のつながりが見えてこない。そこでもう一つの英単語であるcommunityを考えてみたい。すでに「コミュニティ」とカタカナで書かれることが多く，"コミュニティ・ビジネス"や"バーチャル・コミュニティ"などカタカナで使われることが多くなっている。辞典で見ると「地域社会；市［町，村］（自治体）；（同時に造成された）地域；その人びと」とあり，さらに「（地域社会などへの）帰属意識，一体感；（思想・利害など）共通性，一致，類似；（財産などの）共有，共用」とある。このように空間的範域だけでなく，人間的つながりをも含んだ概念がcommunityであると言えよ

15

う。

コミュニティについての古典的な研究者であるマッキーバー（MacIver, R. M.）は，コミュニティとは人々が共同生活する領域（村や町，あるいは国家など）であり，またその領域に独自な共通の諸特徴（習慣，伝統，言葉づかい）を有していることがコミュニティの必要条件であるという（MacIver 1917）。すなわち，「『地域性』に基づいて，人びとの共同生活が営まれる生活圏（村落，都市，国民社会など）」であり，「地域性」と「共同性」からコミュニティは成り立っていると考えられる（船津・浅川　2006, p.13）。

4-2　地域主体と地域協働の必要性

空間的範域という特徴を有する地域は，その空間に関与する様々な主体が存在することも意味している。玉野（2008）は，地域主体は「個人」と「集合体」に区分でき，さらに個人・集団・行政（公的団体）・企業（私的団体）・協同組合（共的団体）があるという。また田中（2013）は，議会議員，自治体職員，企業，第三セクター，TMO（まちづくり機関），あるいはNPOまちづくりセンターなど，極めて多種多様なアクターが存在していると言及している。

そして，すでに述べたように地域をマネジメントするために，行政，企業，住民などの特定部門（セクター）を超えた「協働」が必要であるといわれている。田中（1999）は，「小さな政府」化による分権化社会の進展にともない，地域活性化（まちづくり）においては，住民・行政・企業・NPO・個人などの様々な地域主体が複合化することが重要になっていると指摘する。こうした指摘は，行政（政府）からもなされている。総務省（2009）は，『新しいコミュニティのあり方に関する研究会報告書』のなかで，「地域コミュニティやNPO，その他の住民団体など公共サービスの提供主体となり得る意欲と能力を備えた多様な主体が，自ら，地域の課題を発見し解決することを通じて，力強く『公共』を担う仕組みや，行政と住民が相互に連携し，ともに担い手となって地域の潜在力を十分に発揮し，地域力を創造する仕組みを作っていくことが求められる」（総務省　2009, p.2）と指摘している。行政や企業，学校や

NPOといった地域の特定部門単独では解決できない領域で連携（協働）することが必要となってきているのである。

　しかも，行政と企業，あるいは行政と大学，NPOと企業など，それぞれの主体が1対1の関係（ダイアド関係）で協働するだけでは不十分である。ダイアド関係のコラボレーションが拡張し，様々な地域主体がセクターの枠を超えて協働する「マルチセクター・コラボレーション」が地域協働する上では不可欠だと言えよう。

5　ノットワーキングからの地域協働の可能性

5-1　創発と地域協働

　では，どのように他組織と協働すればよいのだろうか。ここでは，これまでの組織間関係論（協働論）の多くが想定していた，設計された組織間構造における特定アクター同士の強い連結だけではなく，グラノベッター（Granovetter, M. S. 1973）が指摘するような「弱い紐帯の強さ（The Strength of Weak Ties）」を検討することが必要であると考える。特に地域内での共同など，多様なアクターが存在しており，こうした多くのアクターを巻き込んだ活動が不可欠な場合は，特定の組織同士，アクター同士のつながりに注目するのではなく，緩やかな連結によってコラボレーションを構造化するほうが有意味である。

　そこで，「創発」という概念に注目したい。「創発」とは，「比較的単純なローカルな規則に従って行われる個体間の相互行為が，なぜかあらかじめ予想もつかないような複雑で高度なグローバルな秩序を，『自己組織的に』生み出すこと」（公文　2004）であり，「ネットワーク上で多様な人が交流し，多様な情報が結合して，新しい価値が生み出されていく現象」（國領　2013）である。われわれは，創発行動の研究を地域協働論にも援用できると考える。組織間に緩やかに連結された関係性を創造・維持・発展させることにより，創発現象が起こり新たな価値が生み出される。そして，地域課題の解決につながるのであ

る。

5-2　地域協働と「ノットワーキング」

　さらに本書では，創発を発展させたエンゲストローム（Engeström, Y.）らの「ノットワーキング」（山住・エンゲストローム編　2008）の概念を援用したい。

　山住（2008）は，「活動システムにおける適応的・流動的・自発的なコラボレーションの創発を促すため，『ノットワーキング（knotworking）』，すなわち『結び目づくり』と名づけることのできる活動の新たな形態やパターンに焦点化し，人やリソースをつねに変化させながら結び合わせ，人と人との新たなつながりを創発していくような活動の水平的なリズム，協働的な生成」（山住　2008, p.39）を考えることにより，創発的構造を検討できると指摘する。そして，この創発的構造と計画的構造を往復することで組織は成長するのである。すなわちノットワーキングは，「そのつど，結び目を結ぶような協働」であり，「あらかじめルールが決まっているわけでもなく，誰が中心になるかはそのつど変化しているにもかかわらず，協働がなされるのが特徴」（青山　2015, p.30）であるといえよう。

　もともと「ノットワーキング」は，学校や医療現場，あるいは仕事や職場におけるコラボレーションの創発的な形態を分析・理解するための概念として使われることが多かったが，こうした概念は地域協働にも援用できると考える。

　また，ノットワーキングは「ノット（結び目）を紡ぎ出し，ほどき，ふたたび紡ぎだしていくといった協働の微細な律動」（山住　2008, pp.49-50）である。通常のチームのように，固定したメンバーで編成されているのではなく，「ノットワーキングと呼ぶ形態では，そうした編成が生まれては消え，別のかたちで再度現れる，といった律動がくりかえされる」（山住　2008, p.40）のである。そしてインフォーマルな関係が機能しない領域では，ルールやツールの導入，諸活動の相互作用や協働を構造的にデザインするようなノットワーキングを制度的なものにしていく取り組みが生じるという。こうしたノットワーキングの

第1章　地域・協働・ノットワーキングの組織論に向けて

図表1-3 **チーム，ネットワーク，ノットワークの比較**

チーム	固定したメンバーで編成
ネットワーク	個人であれ集団であれ組織であれ，アクター（行為者）間の固定した構造
ノットワーク	要求される課題ごと，その場その場で，コラボレーションの関係を組み替えていく

出所：山住（2008）p.40より筆者作成。

制度化により，「弱連携」の組織間コラボレーションによる即興的活動が行われる。しかし，固定した関係ではないため，課題ごとにコラボレーションは組み替えられる。

　その結果，新たなコラボレーションが発生し，様々なアクターを巻き込んでコラボレーションが拡張していく。また，創発的コラボレーションを実現できるようにルール化（制度化）することで，相互作用する「場」を生み出すことができ，さらなるコラボレーションへと拡張する可能性を生み出すのである。

　さらに，ノットワーキングは，固定されたコントロールの権限を独占するひとりの人物が存在しているわけではなく，即興的に協働する仕事や実践の柔軟な形態である（山住　2008, p.73）。そして，ノットワーキングの中の拡張的学習によって，参加者は「結び目」をつくる人，すなわち「ノットワーカー（knotworker）」としてのエージェンシー（行為の主体性や能力）を形成するものになると指摘されている（山住　2014）。一つの組織または個人がイニシアティブをとるのではなく，各主体が代わる代わる協働活動のイニシアティブを発揮し，また各主体が「ノットワーカー」として主体性を持つことが必要であるといえる。

5-3　ノットワーキングの前提理論：第三世代の活動理論

　ここで，ノットワーキングの考え方をより明確にするために，ノットワーキング論の前提となる「活動理論」についておさえておこう。

19

活動理論とは,「文化・歴史的活動理論（cultural-historical activity theory）」と言われる。「人間の社会的実践を協働的な『活動システム（activity system）』のモデルを使って分析し、その社会的・文化的な文脈、諸次元やパターンをとらえ、活動システムの歴史的な発達を理解しようとするもの」であり,「日常生活、学校教育、科学・技術、文化・芸術、仕事・組織、コミュニティなど、多様な社会的実践の現場において、実践者たちが、自分たちの未来の革新的な実践を自分たち自身でモデル化しデザインし創造してゆくような、実践者自身による協働の学習とは何かを明らかにしようとするもの」であるという。さらに,「生活活動のシステムの新しい対象やコンセプト、新しいツールや実践パターンの集団的創造を促進・支援する、介入（intervention）の方法を提供」し,「人間の集団的な創造活動をどうしたら生み出すことができるのかを考え、それを現実生活世界の中の人々と一緒に学び合おうとするもの」（山住　2011, p.86）と指摘している。

　活動理論は、エンゲストローム（2008）によると大きく3つの世代に区分することができる。第一世代の活動理論はヴィゴツキー（Vygotsky, L. S.）を中心とするものである。ヴィゴツキーは、様々なツールや言語、またアイデアや

図表1-4　第三世代活動理論のための「最小限二つの相互作用する活動システムのモデル」

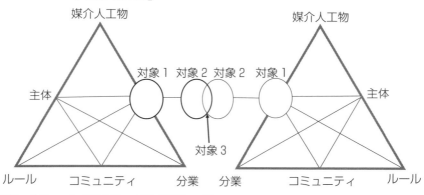

出所：山住・エンゲストローム編（2008）p.20。

第1章　地域・協働・ノットワーキングの組織論に向けて

シンボルなどの「文化的人工物」の媒介によって，主体の行為が生まれること
を指摘している。これは「複合的な，媒介された行為」という有名な三角形の
モデルに具現化されていると，エンゲストロームは言及している。

　しかし，ヴィゴツキーの議論は，分析単位が個人であることに限界があった。
そこでレオンチェフ（Leont'ev, A. N.）を中心とする第二世代では，活動理論
を集団のモデルへと拡張した。レオンチェフの活動理論では，個人的な「行
為」と集団的な「活動」とに分け，分業と協業，ルール，コミュニティといっ
た社会的基盤を取り込むことによって，人間活動が社会的に媒介された共同活
動であることを明らかにした。

　さらに第三世代であるエンゲストロームの活動理論では，単独の活動システ
ムだけでなく，他の活動システムとの関係に関心がおかれている。異なる活動
システム間の越境や相互作用，ネットワークやパートナーシップ，対話や協働
を分析しデザインする，新しい概念的枠組みを発展させることが研究課題と
なっている（山住　2014, p.53）。

5-4　第三世代活動理論とノットワーキング

　これまで見てきたように，第三世代の活動理論は，異なる活動システム間，
すなわち組織間での組織横断的な学習や，人間の社会的活動の越境や横断と
いった新たな研究課題を提起している。こうした「文化・組織・仕事・専門な
どの垣根を越え，対話と協働とネットワークを生み出そうとする人間活動の新
たな『協働の編成・配置（co-configuration）』は，人々の柔軟な『ノットワー
キング』の実践によって創り出されるだろう」（山住・エンゲストローム編
2008, p.72）と言及している。

　つまり，ノットワーキングの特徴である，決まったルールや固定された参加
者がなく，また誰が中心となるかはそのつど変化するという，即興的創発的な
つながりによって，異なる多様な活動システム間の学習や越境が生み出される
とエンゲストロームは考えているのである。

5-5　ノットワーキングでみる地域協働

　地域には，異なる歴史・文化（あるいは価値観・利害）を有する各主体（行政・企業・NPO・地域住民など）が存在している。行政には行政のルールやコミュニティ，分業があり，地域住民集団にもそれぞれ歴史・文化がある。すなわち様々な活動システムが混在しているといえる。

　また，例えば「地域活性化」を成し遂げる場合，一つの課題の解決だけで達成できるものではない。むしろ地域活性化のためには多様で多数の協働活動を創出することが必要になる。すなわち，地域協働における各主体は，固定化された関係性を構築しているのではなく，ノットワーキングのように，特定の課題ごとに組織間で「結び目」が紡ぎ出され，ほどかれ，再び紡ぎ出されるという律動が繰り返され，結果的に総和として地域活性化につながるのである。

　地域が主役の活気ある社会を目指すこと，それが地域協働の目的であるとすでに言及した。そのためには，一つの課題解決だけでは不十分である。また，特定の個人や組織だけが主人公の空間では「地域が主役」とは呼べない。だからこそ，場面ごとに中心となる主体が変わり，課題ごとに協働が結ばれ，ほどかれ，また別の協働が結ばれる，といった律動的な繰り返しが必要になる。

　さらに地域は，こうした協働を生み出すような「緩やかな関係」を維持している空間でもある。すなわち地域とは，エンゲストローム（2008）がメタファーとして用いる「菌根」（菌糸と高等植物の根との共生体で，地下で成長する目に見えない菌類の組織のこと）として存在している。彼は，菌根とキノコとの関係を例に挙げ，地下にあって目に見えない菌根から「気象状況が良好なときは見た目も鮮やかなキノコを生み出す」と言及し，「ノットワーキングは結局その媒介物や基礎として菌根のような形態を必要とする」（エンゲストローム　2008, 翻訳p.366）と指摘している。

　地域の主体は容易に空間を移動することができない。そのため，少なからず何らかの関係性が維持される。地域課題ごとに特定の協働が生まれるが，これはキノコのようなもので，その見えない部分では「菌根のような関係」，すな

わち「地域のつながり」がすでに存在しているからである。実際に協働活動として具現化されている部分だけでなく，こうした目に見えない「菌根」の部分にも焦点を当てて検討していくことが重要である。

6　地域協働に対する新たな視点を目指して

これまで「協働」と「地域」について確認してきたが，ここで今一度本書で提示する「地域協働の組織論」について，まとめておきたい。

第一に，地域協働は「お互いの立場を補うことや肩代わりすることだけが協働ではなく，お互いの組織や地域での力を理解し支え合い，同じ地域の住民として，地域が主役の活気ある社会を目指すこと」であることはすでに述べた。換言すれば，「相互理解」と「協創」がキーワードになる。これは，組織間関係論の支配的な視座である資源依存パースペクティブ（Pfeffer and Salancik 1978）では十分に議論できない点である。

資源依存パースペクティブは，焦点組織が必要な資源をいかに獲得するかという視点から検討されている。焦点組織にとって必要な資源の希少性が高く，またその資源を供給できる外部組織が少ない場合は，外部組織への依存性が高くなる。外部組織への依存性が高いと，組織間にパワー格差とコンフリクトを生み出し，焦点組織にとっては不確実性が高まることになる。そこで，相互依存関係を低下させる調整メカニズムを確立しようとする。それは，①依存性の原因となる資源を内部化する自律的戦略，②他組織との安定的な関係を構築しようとする協調的戦略，③第三者による働きかけによって依存性をコントロールしようとする政治的戦略，の３つの方法が指摘されている（Pfeffer and Salancik 1978）。しかし，「地域協働」では特定組織に焦点を当て，不確実性を低減させる戦略を検討するよりも，地域全体の価値創造のための協働活動を検討すべきであろう。

第二に，「地域は様々な主体が存在し，各主体間に様々な関係が生じている」ことが挙げられる。しかも，その主体は簡単に地域を移動できないことも

特徴のひとつである。こうした関係から，地域をマネジメントするために，行政と企業，あるいは行政と大学，NPOと企業のそれぞれが，1対1の関係（ダイアド関係）では不十分であり，行政・企業・住民などの特定のセクターを超えたコラボレーションが必要であり，マルチセクター・コラボレーションが不可欠である（佐々木　2009）。

　第三に，地域協働では「特定の主体同士のみがつながるタイトな連携よりも，緩やかな連結によってコラボレーションを構造化するほうが有意」であると考える。例えば「地域活性化」を考えた場合，一つの活動だけで達成できるものではなく，様々な課題をクリアすることで成し遂げられる総和的なものである。多様で多数の協働活動を創出することが必要になる。その準備段階として，自律的・創発的に協働できる主体間の緩やかなつながりの維持が求められる。そこで本書では，「ノットワーキング」の概念を援用した新たな組織間協働論の視点で事例を分析していきたいと考えている。

　第四に，地域協働は「多くの課題が発生し，それを共に解決していく過程」ということである。前述したように，多くの課題を地域主体が協働してクリアしながら総和として地域活性化が成し遂げられる。そのために，様々な課題ごとに協働の参加者が異なることが考えられる。そうした関係性のなかで，特定の主体があらゆる協働活動に対して一貫してリーダーシップを発揮するというよりも，課題ごとに協働をリードする主体が変化するような関係がイメージされる。決して行政主導ではなく，また特定の組織がイニシアティブをとるのではない，そういった「マルチコア（multi-core）協働」あるいは「フレキシブルコア（flexible-core）協働」が考えられる。

　第3節では「フィクサー」というメタファーで表現し，第5節では「ノットワーカー」という語で説明した。ノットワーキングの議論では，固定されたコントロールの権限を独占するひとりの個人や組織が存在しているわけではない。これまでの地域活性化のための組織間協働の媒介者に関する研究は，「中心となる個人・組織」を前提としていた。しかし，地域協働においては固定された協働関係ではなく，ノットワーキングとして見ることが重要である。一つの組

織または個人がイニシアティブをとるのではなく，地域の各主体が代わる代わる協働活動のイニシアティブを発揮し，また各主体が「ノットワーカー」としての主体性を持つことが必要であると考えられる。

　以上のように，本書では，①相互理解・協創，②マルチセクター・コラボレーション，③ノットワーキング，④マルチコア協働，が第2章以降の事例の分析視点となっている。読者の皆さんも，この視点を頭の片隅に入れて，自分なりに事例を検討してもらいたい。

〈注〉

1　松下啓一（2009）『市民協働の考え方・つくり方〈市民力ライブラリー〉』萌書房，p.44。
2　松下啓一（2009）『市民協働の考え方・つくり方〈市民力ライブラリー〉』萌書房，pp.10-17。
3　鷲田清一（2014）『「自由」のすきま』角川学芸出版，pp.106-107。

〈参考文献〉

Austin, J. E.（2000）*The Collaboration Challenge: How Nonprofits and Businesses Succeed through Strategic Alliances*, Jossey-Bass.

Gray, B.（1989）*Collaborating*, Jossey-Bass.

Granovetter, M. S.（1973）"The Strength of Weak Ties," *American Journal of Sociology*, 78: 1360-1380.

MacIver, R. M.（1917）*Community: A Sociological Study*, Macmillan and co（中久郎・松本道晴監訳『コミュニティ』ミネルヴァ書房，1975年（原著第3版の翻訳））.

Pfeffer, J. and Salancik, G. R.（1978）*The External Control of Organizations: A Resource Dependence Perspective*, Harper and Row.

Schrage, M.（1990）*Shared Minds: The New Technologies of Collaboration*, John Brockman Associates（藤田史郎監修，瀬谷重信・コラボレーション研究所訳『マインド・ネットワーク』プレジデント社，1992年）.

Whetten, D. A.（1981）"Interorganizational Relations: A Review of the Field," *Journal of Higher Education*, Vol.51, No.1.

青山征彦（2015）「越境と活動理論のことはじめ」香川秀太・青山征彦編著『越境する対話と学び』新曜社。

東　俊之（2009）「組織間コラボレーションの課題と展望」佐々木利廣・加藤高明・東俊之・澤田好宏共著『組織間コラボレーション—協働が社会的価値を生み出す—』ナカニシヤ出版。

エンゲストローム, Y. 著（山住勝広ほか訳）（1999）『拡張による学習』新曜社（原著, 1987年）。

エンゲストローム, Y. 著（山住勝広ほか訳）（2013）『ノットワークする活動理論』新曜社（原著, 2008年）。

公文俊平（2004）『情報社会学序論―ラストモダンの時代を生きる』NTT出版。

國領二郎（2013）『ソーシャルな資本主義―つながりの経営戦略』日本経済新聞出版社。

後藤祐一（2009）「戦略的協働の理論的枠組」『経済学研究』（北海道大学）第58巻第4号, pp.319-330。

佐々木利廣（2005）「組織間関係論の課題と展開」赤岡功・日置弘一郎編著『経営戦略と組織間提携の構図』中央経済社。

佐々木利廣（2009）「組織間コラボレーションの可能性」佐々木利廣・加藤高明・東　俊之・澤田好宏共著『組織間コラボレーション―協働が社会的価値を生み出す―』ナカニシヤ出版。

総務省（2009）『新しいコミュニティのあり方に関する研究会報告書』。

田中豊治（1999）「分権型社会におけるまちづくり協働システムの開発―住民と行政を結ぶ中間組織の編成原理」『組織科学』第32巻第4号, pp.33-47。

田中豊治（2013）「コミュニティ・ガバナンスとまちづくりNPOリーダー」『佐賀大学経済論集』第44巻第6号, pp.1-22。

玉野和志（2008）「地域を枠づける制度と組織」森岡清志編著『地域の社会学』有斐閣アルマ。

船津衛・浅川達人（2006）『現代コミュニティ論』放送大学教育振興会。

松下啓一（2002）『新しい公共と自治体』信山社出版。

松下啓一（2009）『市民協働の考え方・つくり方〈市民力ライブラリー〉』萌書房。

森　啓（2003）「協働」の思想と体制　地方自治土曜講座ブックレットNo.90, 公人の友社。

森岡清志（2008）「＜地域＞へのアプローチ」森岡清志編著『地域の社会学』有斐閣アルマ。

山住勝広・エンゲストローム, Y. 編（2008）『ノットワーキング』新曜社。

山住勝広（2008）「ネットワークからノットワーキングへ―活動理論の新しい世代―」山住勝広・エンゲストローム, Y. 編『ノットワーキング：結び合う人間活動の創造へ』新曜社。

山住勝広（2011）「文化・歴史的な活動としての学習―活動理論を基盤にした教育実践の探求―」『関西大学文学論集』第61巻第3号, pp.85-108。

山住勝広（2012）「活動理論と教育的介入の方法論―学校における教師の拡張的学習を事例にして―」『関西大学文学論集』第62巻第3号, pp.21-37。

山住勝広（2014）「拡張的学習とノットワークする主体の形成―活動理論の新しい挑戦―」『組織科学』第48巻第2号, pp.50-60。

鷲田清一（2014）『「自由」のすきま』角川学芸出版。

第 | 2 | 章

地域企業の戦略的地域貢献

はじめに

　「地域企業」「地方発企業」「地域貢献企業」など呼び方は多様であるが，いずれの呼称も特定の地域に根を下ろしながら政治的・経済的・文化的に地域に何らかの貢献をしている企業を前提にしている。こうした企業のなかでもビジネスそのものではなく，特に文化的活動を中心に地域に貢献している企業のケースを取り上げることにする。とりわけ，そうした企業はなぜ能動的に文化的貢献をすることになったのかという地域との関わりについての基本理念，その具体的な取組内容と地域への影響，そして今後多様なアクターが協働する場をどのようにデザインする必要があるかについて述べることにする。

1　企業の地域社会への関わりの変遷

　企業と地域との関係については，1990年代を境に単に企業が地域に受動的に対応するだけのステージから主体的に能動的に関わりを持つステージへと変化してきている。さらにその関係も総花的に対応する時代から，自社の経営資源や強みを活かしながらターゲットを絞って戦略的に地域との関係づくりを目指す企業が増加している。さらに一企業単独ではなく，多様なアクターと協働す

27

ることで戦略的に地域貢献しようという流れもその一環である。こうした企業行動の変化は，なぜ生じてきたのだろうか。

　最も大きな要因は，政策決定そのものが中央集権システムから地方分権システムへシフトすることにより，地方がイニシアティヴをとって主体的に新しい行動をとることができるようになってきたことが挙げられる。地方の時代が顕著になることで，大きい政府に依存するだけでなく，小さな政府を前提に地方独自の強みを活かすことが可能になってきた。それもある地方の成功例を模倣するだけではなく，その地方独自の歴史や文化，資源を使ってその地方ならではのチャレンジをすることが推奨されるようになってきた。

　また地方企業は，大企業はもとより中小企業や中堅企業においても，納税や雇用といった企業としての基本的責任だけを果たすだけにとどまらず，より広い責任を果たそうとする動きが顕著になりつつある。いわゆる地方企業の社会的責任への取り組みである。これは，事業活動を通じて社会的責任を果たすことと，事業活動以外の分野での社会貢献を通じて社会的責任を果たすことに区分できる。本章で中心に扱う地方企業のメセナ活動は後者に当てはまる。

　以下では，いくつかの次元をもとに地域貢献企業の戦略タイプを類型化することで，後半にケースとして触れる㈱シベールの文化支援活動（シベールアリーナ）はどのようなタイプかについて分析する。類型軸としては，単体での地域貢献か複数組織の協働による地域貢献かの軸，倫理的基盤に依拠した持続可能な地域づくりを目指す長期的地域貢献か経済的要因に左右される短期的地域貢献かの軸，を想定している。

2　地域貢献企業の戦略タイプ

　地域貢献企業の戦略タイプを類型化する際の基本的用語の理解を確認しておく。まず地域という用語であるが，行政区に限定しないで，特定の組織の主要な経済社会活動が行われているフィールドであり，その活動に直接あるいは間接に影響を及ぼす要因の集合を地域と考える。当然ながら，こうした地域には

第2章　地域企業の戦略的地域貢献

共同体的な結びつきが存在しているケースが多い。こうした地域のなかで顧客や住民や行政や他企業さらにはNPOなどと関係しながら経済的・社会的・文化的・政治的活動を行っている主体を地域企業と呼んでおくことにする。

　さらに地域貢献という用語であるが，本業的活動を通じての地域貢献の側面と本業から離れた分野での地域貢献の側面がある。例えばより良い製品サービスの提供を通じて地域住民のニーズに応えること，地域の若年労働者や高齢者，さらには外国人や障害者の雇用を通じた就業支援は本業を通じた地域貢献といえる。税金を払うことによる地域貢献もまた本業を通じた地域貢献に相応する。ただ製品サービスの提供や雇用や納税などの経済的活動は，企業本来の基本的責任であり義務であり，本章で扱う地域貢献とは一線を画している。むしろ本業の経済的活動を通じた基本的責任とは離れた分野で，地域のために何らかの社会的文化的貢献活動を行っているような事例を考えたい。

　そうした本業以外の地域貢献活動を2つの軸から区分する。一つの軸は，企業やNPOなど組織形態を問わず地域貢献の主体が単体か複数の組織体の協働かによって区分する。もちろん地域貢献の主体である組織が，他組織のサポートを得ずに単独に独立して地域貢献をするケースも考えられるが，ほとんどの場合は他組織と何らかの関係を持ちながら進めている場合が多い。そうした関係が深くなると，複数の異質組織が相互に自律的かつ対等な立場で連携することによる相乗効果をもとに地域貢献を行う段階になる。こうした異種組織の組織間協働による地域貢献が今日最も求められている姿である。

　もう一つは地域貢献の評価や持続可能性に関わる軸である。片方の極は，「儲かるから地域貢献に熱心になる」「儲からないから地域貢献は最小限に済ませる」など短期的でリターン志向の取り組みである。もう片方の極は，短期的リターンを考えていないけれども，様々なステークホルダーからの評価によって長期的には競争的優位性を獲得すると考える長期的で持続可能な取り組みである。すなわち地域社会の役に立ちたいという利他的行為が，最終的には自社の利益につながると考える視点である。

　2つの軸をもとに地域企業の貢献活動を類型化すると**図表2-1**のようにな

29

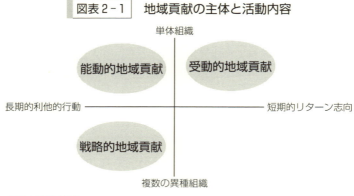

図表2-1 地域貢献の主体と活動内容

出所：筆者作成。

る。本章では，4つのセルのうち複数の異種組織の協働による長期的な利他的行動に重点をおく戦略的地域貢献のケースを考えることにする。次節では，この戦略的地域貢献の事例として山形県の㈱シベールとシベールアリーナの活動について紹介する。

3 シベールの戦略的地域貢献
  ──シベールアリーナのケース

3-1 シベールの誕生と成長

　ここで検討するケースは，㈱シベールの戦略的地域貢献とりわけ芸術文化支援活動の歴史である。創業者の熊谷眞一氏は1966年に山形初の洋菓子店「シベール」を創業している。もともと4坪足らずの広さで20万円の自己資金で始めた洋菓子店であったが，ラスクの全国通販などを通じて成長し，2005年にはジャスダックに上場している。そして2008年にはラスク工場に隣接する土地にシベールアリーナと遅達堂文庫山形館をオープンしている。シベールアリーナは，劇場と体育館機能を併せ持つ施設であり，山形独自の価値を全国に発信し

第2章　地域企業の戦略的地域貢献

つつ全国の文化も受信するような拠点として活動している。こうした文化とビジネスを結びつける地域文化創造活動こそが地域活性化のロールモデルになることを証明するケースである。

　株式会社シベールは，現在資本金4億8835万5,000円，年間売上高34億1600万円の地方企業である。山形地区12店，仙台地区7店，東京エリア3店，富山1店の計23店舗を持ち，山形地区2カ所，仙台地区1カ所に計3工場を持つ。業務内容は，ラスクなどの通信販売及び洋菓子・パンの製造販売，レストラン等である。そして「日本の食卓の情景，ゆかしい贈りものの風習を豊かで創造的で幸福感に満ちたものにする。そして私達も仕合わせになる。」という経営理念を掲げている。

　シベールの創業者である熊谷眞一氏は，大江町左沢にある和菓子屋松月堂の長男として生まれた。小さい頃から父親の後を継ぐことが運命だと考えてきたが，小学校時代に校長から「お菓子屋になるのはもったいない」と言われ奮起し，1966年山形市に資金援助なしで間口1軒半の洋菓子店「シベール」を創業している。菓子屋を産業そのものにしたいという思いからであった。その後，常連のお客様から，「山形にはおいしいパンがないから，作ってくれませんか」という依頼を受け，1977年にはフランスパンの製造を始める。さらに，その後売れ残りのパンが出て処理に困っていたところ，たまたま売れ残ったフランスパンをスライスして味付けしたところ，予想以上に売れ「幻のラスク」と呼ばれることになる。その後は売れ残りのパンではなくて，ラスク専用のフランスパンを作ることになるが，職人たちは，「フランスパンは俺の命。ラスク専用のパンなんて焼くことはできません」と反発することもあったという。しかし作りたてのパンから作ったラスクを実際に食べてもらい，最後には納得してくれたという。この1994年にラスクを始めたことが，その後のシベールの成長発展の基礎になった。

　同年1994年には，ラスク通信販売事業（PIS）を開始しているが，その当時はラスクの通販に関しては不確定要素も多く，本当に通販事業でラスクが売れるのかという不安も多かった。また宣伝費をかけるだけの金銭的余裕もない状

況であった。その時に熊谷社長は，自分の知り合い約100名にラスクのサンプルを送付するという試みを行っている。その結果，30名のお客様から正式な注

図表2-2　シベールとシベールアリーナの歴史

年度	歴史	熊谷氏との関連
1966	熊谷眞一氏が山形市に洋菓子店「シベール」開業	
1970	有限会社シベールを設立	
1977	パンを始める	
1981	レストランを始める	
1982	仙台市に洋菓子店「ル・グレン八木山店」開設	
1994	ラスク通信販売（PIS事業）開始	
1999	山形県蔵王松ヶ丘にラスク製造専用ライン「麦工房」開設	
2001	山形県蔵王松ヶ丘に「シベールファクトリーメゾン」開設	
2004		井上ひさしとの出会い「七日町」劇場構想
2005	株式をジャスダック証券取引所に上場	井上ひさし蔵王本社訪問
2008	「シベールアリーナ＆遅筆堂文庫山形館」開設	
2009	弦地域文化支援財団設立（東北初の公益財団法人認定）	
2009	メセナアワード2009「『文舞』両道賞」受賞	
2010	熊谷眞一氏取締役会長（69歳）	井上ひさし逝去
2011	熊谷眞一氏特別顧問	
2012	「母と子に贈る日本の未来館」開設	ボローニャ訪問
2015	障害者自立と地域共生を目指す（株）「ポラーノの広場」開設準備	東北芸術工科大学大学院修了（ソーシャルビジネスの研究）

出所：筆者作成。

第2章　地域企業の戦略的地域貢献

文をいただき，事業成功への確信を持ち，1994年に通信販売を本格的にスタートしている。この試みは社内外から「そよ風マーケティング」とも呼ばれた。この発想の原点は，ある日のこと店舗の傍らにあった桜を何気なく見ていると，全体は揺れていないのに一部の葉だけがそよ風で揺れていることに気が付いたという。しかもそこだけ枝の奥深くまで葉が揺れていた。この発想を契機に，「30人からの注文に始まり，その人たちが口コミで周りにも伝えてくれて，株式上場時には全国42万人のお客さんがいるまでになった。」こうした顧客の自然な口コミによる宣伝方法をそよ風マーケティングと呼んでいる。

　1999年には，ラスク製造専用ライン「麦工房」が稼働し，2001年には洋菓子製造工程が外から見学できる店舗兼工場「ファクトリーメゾン」をオープンしている。現在の事業構成比は，PIS事業ラスクが22％，同他焼菓子が4％，同洋生菓子が1％，MIS事業洋生菓子が11％，同ラスクが19％，同他焼菓子12％，同パンが21％，同飲料が10％という比率である。

　以上がシベールの経済的事業としての成長の過程であるが，他方でシベールの社会的事業としての成長という側面もある。1966年に25歳でシベールを開業した時からの熊谷氏の信念は，「山形であることは地域の文化の個性の違いであって，決して水準の差であってはならない」という確固たる想いであった。そして2005年にジャスダックの株式上場を経験し，「資本主義の最先端の仕組みを上手に使って，しかも創業者利益を得てしまった。……それを何とかしようと思っていました（修景資本主義）」と述べているように，地方の中小企業の役割は，その地方固有の文化を創造していくことで地域に活力をもたらしていくことを強調している。

3-2　熊谷眞一氏のシベールアリーナ構想

　熊谷眞一氏は，本業が文化であり，私益が公益であり公益が私益でもあるような企業をロールモデルと考えていた。こうした中で，2004年「七日町」劇場構想のなかで井上ひさし氏との運命的な出会いがある。事の発端は，2004年元旦の山形新聞での対談であった。その対談のなかで，山形県出身の作家井上ひ

33

さし氏と法学研究者大沼保昭氏が，山形市の中心市街地である七日町に劇場を建設することで往年の賑わいを取り戻そうという構想が生まれている。山形市は人口26万人を有し紅花交易等で栄えた商都であるが，その中心部に位置する七日町商店街は90年代後半を境に空洞化が始まっている。こうした空洞化の波に直面した時に「山形の七日町に文化のおもちゃ箱のような劇場をつくりたい」という構想をもった井上ひさし氏と出会うことになる。

　その構想は，七日市商店街に位置し老朽化を理由に解体された商業ビルCoCo21の立て替え方針が決まった直後に，この新ビル内に井上氏が提唱する七日町劇場を開設し，中心街を活性化しようという構想である。しかしこの構想は，様々な要因が絡み合ったまま構想途中で頓挫することになる。こうしたなかで，2004年に井上ひさし氏が初めてシベール本社を訪れた時には，右側にラスク製造専用工場，左側に洋菓子工場と焼き立てのパン工房，そしてイタリアンカフェが広場に向かってせり出していて，三世代の家族の楽しそうな食卓の情景が繰り広げられていた。そして正面に温存していた本社屋用地に目を留め，井上氏は「ここはいい，ここならこまつ座の全演目が上演可能な世界標準の劇場が作れるし，川西町にある遅達堂文庫から蔵書が回遊される図書館も作れる」と話したという。そして2005年に井上ひさし氏が蔵王本社を訪問した際に，「七日町をあきらめて熊谷さん，ここにしませんか」と話している。熊谷氏によれば，「井上先生は，ボローニャ方式をあてはめて，劇場をつくることで，この町を生き生きとしたものにしたいと提唱されました。」と後に回顧している。

　2008年には，シベールアリーナ&遅筆堂文庫山形館がオープンする。シベールアリーナは，劇場と体育館の機能を併せ持つ施設であり，設計段階から舞台監督の三上司氏，照明家服部基氏が参加し，劇場仕様の際には522席の本格的劇場空間になる。この客席の1席ずつが音響効果を考慮して設計されている。また1階部分はアリーナとして6面分の卓球場に替えることが可能である。熊谷氏が中学時代に2年連続して卓球の寒河江・西村山大会で優勝した経験があるほどの卓球好きであることも影響している。また貸館事業はできないが，劇

第2章　地域企業の戦略的地域貢献

団こまつ座の巡回公演や，毎月の講演会，コンサートが開かれている。

　また遅筆堂文庫山形館は，井上ひさしが出身地である川西町に長年にわたり
寄付してきた蔵書のうちの約3万冊の蔵書を移動させ展示閲覧している。もと
もと川西町の遅筆堂文庫は，1987年に井上ひさし氏から寄贈された蔵書7万冊
をもとに開設された。1994年には，遅筆堂文庫を核に，劇場と川西町立図書館
を併設した複合文化施設である川西町フレンドリープラザが完成している。そ
の後も井上ひさし氏からの寄贈が続き，2010年現在資料22万点を収蔵している。
一人の作家が作品を生み出すために集めた資料，蔵書を一堂に会する珍しい文
庫として注目を集めている。なお遅筆堂という名前の由来は，筆が遅いことで
有名であった井上ひさし氏であったが，遅筆でも良い作品を書きたいという思
いを文庫の名称に冠している。

　熊谷氏はオープンの際に「山形独自の価値を発信しながら，全国の価値も受
信する。シベールアリーナは，そうした文化の受発信が行われる拠点，新しい
つながりが生まれてくる場になるよう願っています」と話し「シベールアリー
ナと遅筆堂文庫山形館はオマージュであり，これまでいただいてきたご褒美の
束でもあります。」と話している。

図表2-3　シベールアリーナの外観

出所：公益財団法人「弦地域文化支援財団」提供資料。

35

また，井上ひさし氏も次のように述べている。「利益が生まれたときはその一部を社会に提供する。それが社会によって生かされてもいる企業の責務である。つまりどのような会社であれ一人ぽっちで立っているわけではなく，社会といっしょに生きているのだという哲学，このシベールの哲学が，アリーナ（劇場にもなる）と図書館を合わせ持つ複合施設を誕生させることになった。金もうけ第一主義と自分さえ良ければいい主義が全盛の昨今には珍しい奇蹟である。この奇蹟を一瞬の美談だけで終わらせてはいけない，だいたいそれではもったいない。たとえばわたしは蔵書と演目（だしもの）を持ち寄って奇蹟が一秒でも長く輝くよう努めよう。そしてこの奇蹟が永く輝きつづけて日常のものになり，この国に欠かせない社会共通資本になるためには，その最終最大の決め手は，みなさまの参加である。ここへ来ていただくだけで，奇蹟がわたしたちみんなの日常そのものになる。門は広く，そして大きく開かれている。」（井上ひさし未来館開館告知のチラシより）

　ただ，自宅鎌倉の書斎を再現し，NHK人形劇「ひょっこりひょうたん島」の台詞の記録メモや放送時の録音記録などの寄贈をもとに井上ひさしの仕事場を再現することを目指した「井上ひさし未来館」は，開館が2012年春に延期され，館の名称から井上ひさしの名前を外し，最終的には「母と子に贈る日本の未来館」に変更された。こまつ座代表取締役井上麻矢氏も，財団の理事及び館長職から退いている。こうした経過もあり，シベールアリーナとこまつ座との関係は2012年に解消している。

　2009年には運営団体として弦地域文化支援財団が設立されている。熊谷氏は，この公益財団法人をつくるときに，財団の名前に「弦」という名前を追加している。これは弦楽器の弦の意味で，短いバイオリンの弓がいったりきたりしながら弦はずっと鳴り続けるように，この財団もやめない限りはずうっと美しい音を紡いでいくという意味合いを込めて命名している。そして熊谷氏が持株の90％近くを財団に寄附をし，公益財団法人が筆頭株主という，あまり例のない財団になっている。財団の運営資金の大半が，シベールからの配当金と寄付である。さらにシベールアリーナの施設賃貸料はかなり安く設定されている。健

全な財団運営を継続するために適切な賃貸料を設定しているわけではない。そのため施設の取得資金は創業家が捻出している。最終的には，シベールファクトリーパークを充実させながら，企業メセナと相まってお菓子文化と芸術文化の有機的な融合を推し進めながら，日本に2つとない複合施設の存在を際立たせ，お客様とのインテリジェンスの交流により，企業のプレゼンスを高め，他社との差別化戦略を展開するというのがシベールの考え方である。

2010年5月18日に，熊谷氏は69歳の誕生日をもって会長になり，シベールの第一線から退く決断をする。その後2012年には，ボローニャを訪問する。そしてイタリアボローニャにある知的障害者と健常者が営む教育農園コーパプスを見学している。さらに同年4月には，東北芸術工科大大学院芸術工学研究科デザイン工学専攻に入学し，ビジネスプロデュースを学んでいる。これまでに経験してきた数多くの失敗を素材にして，成功必定のビジネスモデルを確立することが目的であるという。

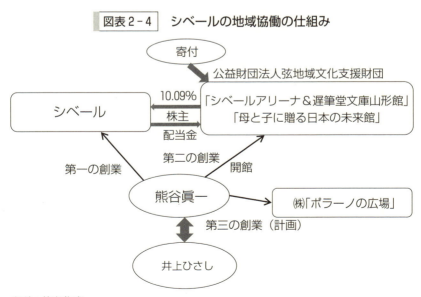

図表2-4　シベールの地域協働の仕組み

出所：筆者作成。

東北芸術工科大大学院仙台スクールの修士課程では，ビジネスの基本と最新情報を学ぶ中でソーシャルビジネスについても理解を深めている。そして現在，県内の豊かな食材を使い，知的障害者らが営むレストラン「ポラーノの家」を山形市西蔵王に開設する準備を進めている。社会課題に企業が取り組むことで利益を確保しながら解決していくソーシャルビジネス（SB）の事業で，障害者の自立と地域との共生を目指そうとしている。

　以上山形県の中堅企業である㈱シベールの成長過程を時系列的に追ってきた。そこでわかったことは，シベールには，企業として成長の側面と社会的事業としての成長の側面があるという点である。前者は第一の創業であり，後者は第二の創業である。そして現在構想中の障害者レストラン「ポラーノの家」は，熊谷氏にすれば第三の創業といえる。こうした3つの創業をもとにシベールの地方企業としての貢献について考えてみる。

3-3　シベールの地方企業としての戦略的地域貢献

　まず熊谷氏の生来のドン・キホーテ的資質が企業経営にも大きく影響している。それは小学生時代に，校長先生から菓子職人になるなんてもったいないといわれ大いに反発し，日本一のお菓子屋になって校長先生を見返してやろうと思ったことからもわかる。そして初年度の売上240万円のシベールを株式公開するまでの企業に育て上げたにもかかわらず，それだけで満足することはなかった。熊谷氏は資本主義の仕組みに対して創業のときから疑問を抱いている。そして「心の中のどこかで否定している資本主義の最先端の仕組みを上手に使って，しかも創業者利益を得てしまった。当社の社員の中に億万長者が何人も出てきてもおかしくなかったのですが，私がうちの株を買おうよと言っても誰も買ってくれなかった。自分の勤めているこの会社の未来に投資しようという気持ちにはどうしてもなれなかったようです。……結果的には私の手元に集まっていました。それを何とかしようと思っていました」と話している。この「修景資本主義の思想」が後のシベールアリーナ構想につながっていく。

　また熊谷氏固有の分不相応経営と逆転の発想も彼の企業経営に大きく影響し

第 2 章　地域企業の戦略的地域貢献

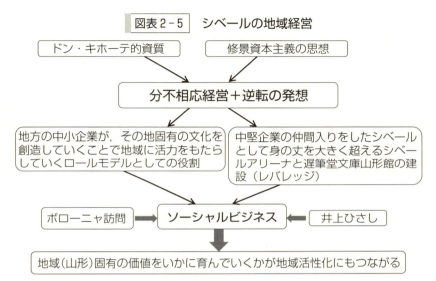

図表 2-5　シベールの地域経営

出所：筆者作成。

ている。地方の中小企業が，その地方固有の文化を創造し地域に活力をもたらしていくロールモデルとしての役割を果たしていくこと，さらには中堅企業の仲間入りをしたシベールが身の丈を大きく超えるようなシベールアリーナと遅筆堂文庫山形館を建設することで地域（山形）固有の価値を育んでいくことが地域活性化にもつながることを強調している。こうした熊谷氏の発想は，現在も脈々と受け継がれている。実際に2014年有価証券報告書でも，「当社のイメージの核であるシベールファクトリーパークを充実させ，企業メセナと相俟ってお菓子文化と芸術文化の有機的な融合をさらに推し進めて，日本に2つとない複合施設の存在を際立たせて，お客様とのインテリジェンスの交流により，企業のプレゼンスを高め，他社との差別化戦略を展開して参ります」という主張がなされている。（2014年有価証券報告書）

4　地域企業の戦略的地域貢献と持続可能な発展

　前節で詳しく紹介したシベールアリーナのように，地域企業が地方固有の資源を活かしながら，その地域への様々な貢献を能動的かつ戦略的に行ってきた企業群が多く存在する。そうした企業の多くは，独特の経営理念やビジョンを持ったトップ自らが率先して地域貢献を牽引していることが多い。

　例えば，食品関連企業ビージョイグループ（松山市）の宮内政三会長が，2006年に東温市見奈良に設立した坊っちゃん劇場は2016年に10周年を迎える。これまでに愛媛や四国にまつわる題材をテーマにしたミュージカルを11作品上演し，10年間で約79万人を動員したことで「軌跡の劇場」とも呼ばれている。この坊っちゃん劇場開設時のビジネスモデルは，秋田県に拠点を置く劇団わらび座が作品の制作を担当し，ビージョイグループが営業と劇場経営を担うという仕組みであった。そしてこの劇場運営会社としてジョイ・アートが設立され，当時開発担当だった越智陽一氏が社長に就任している。設立当初は，常設劇場は３年持たないといわれるほど周辺からの反対の声が大きく，劇場が開設するまでの１年半は，社の事業というよりもむしろ宮内会長個人の事業として準備を進めたといって良いほどであった。

　ビージョイグループは家畜飼料卸の愛媛飼料産業はじめ９社で構成されているが，自社の成長発展は地域のサポートがあってのことと考えていた宮内会長は，本業を離れた分野で地域に恩返しをしたいと考えていた。そしてたまたま高知で見学した劇団わらび座のミュージカル「つばめ」で大きな感動を味わったことがきっかけになり，文化事業による地域貢献を目指すことになった。現時点でも年間5000万円の赤字を親会社が負担している状況であるが，収支均衡する基準である年間10万人の集客を目指して様々な試みがなされている。子ども舞台芸術体験サポートシステム後援会の創設（2009年），アウトリーチ事業部の創設（2013年），地元住民による市民ミュージカル（2015年），舞台の映像DVD化（2015年）などがその一例である。

40

ただ2015年にはパートナーであった「劇団わらび座」との共同経営を解消し，10年間にわたり「わらび座」が担当してきた制作を坊っちゃん劇場が全て担うことになった。さらに，わらび劇場から坊っちゃん劇場に移動し開設以来支配人を務めていた山川龍巳氏も退任し，劇団わらび座の常設シアター「わらび劇場」の立て直しに当たることになった。このように開設初期の「劇団わらび座」と坊っちゃん劇場との関係は，10年の経過を経ていったん解消されることになった。

山形県の㈱シベールによるシベールアリーナの運営，愛媛県のビージョイグループによる坊っちゃん劇場の運営以外にも，地方で文化芸術支援活動を積極的に行っているケースは多い。例えば，客席数310のクラシック専用の宗次ホールは，カレーハウスCoCo壱番屋の創業者である宗次德二氏が28億円の私財を投じて名古屋の中心地に2007年に開館したホールである。「くらしの中にクラシック」を合言葉に，年間400回以上の公演実績を誇っている。そして，ホール運営の基本は，これまでいろいろな形でお世話になった地域にお返ししたいという思いである。また㈱ベネッセコーポレーションによる直島でのベネッセハウスの運営，大工出身館長による住民主体の運営を基本にした魚沼市小出郷文化会館でのコンサートやアウトリーチプログラムなども有名である。

こうした動きの背景には，地域社会の芸術文化振興の高まりや地方都市で活動する大企業や中小企業の活発化，さらにはパートナーシップ志向の高まりなども大きく影響している。ただ芸術文化振興の担い手である企業とパートナーでもある組織（劇団や劇場など）との組織間関係は，時間の経過とともに関係が強固になるわけではない。むしろある段階では関係が断絶したり，新しい関係が生成したり，関係の組み換えが行われることも多い。前述のケースでは，シベールアリーナとこまつ座との関係の解消（2012年），坊っちゃん劇場と「劇団わらび座」との関係の解消（2015年）などはその一例である。こうした関係の断絶は，様々な理由や経緯があってのことであるが，関係の断絶は新しい関係の生成のスタートでもある。シベールアリーナとこまつ座との関係の解消について熊谷氏は，「井上ひさし側の遺族との思いに違いがあり，今後10年，

20年先を考えた時にその時の代表理事にその思いを引き継ぐことは難しい」と話している。また坊っちゃん劇場と「劇団わらび座」との関係の解消もまた,坊っちゃん劇場の自立に向けた第一歩でもある。こうした関係のダイナミズムを考えるときに,ネットワーキングの視点よりもノットワーキングの視点のほうがわかりやすい。

（謝辞）

　株式会社シベールの現会長熊谷眞一氏にはインタビュー調査（2010年11月3日）にご協力いただき,また多くの関連資料を提供いただいた。また公益財団法人「弦地域文化支援財団」遠藤征広氏からも資料提供や原稿確認などにご協力いただいた。この場を借りて感謝の意を表したい。なおインタビュー調査は,科研費（21530369）によるものである。

〈**参考文献**〉

企業メセナ協議会編著（2005）『いま，地域メセナがおもしろい』ダイヤモンド社。

熊谷眞一（2009）「文化とビジネスを結び，地域の活力高める」『メセナNOTE』61号。

熊谷眞一「21世紀を10年過ごして思う母と子と日本に贈る井上ひさし未来館の誓いと願い」
　　　『パンフレット』。

熊谷眞一（2010）「井上ひさしさんとの思い出」『平成22年度山形大学都市・地域学研究所プ
　　　ロジェクト第3回講演会』。

熊谷眞一「二つの縁約と井上ひさし未来館」『国文学解釈と鑑賞』2011年2月号。

熊谷眞一「長老の智慧」『週刊東洋経済』2012年6月16日号〜7月7日号。

『シベールアリーナ友の会びっくり箱通信No.02』2008年10月。

シベール創業30周年記念誌（1997）『坂巻川左岸にて』㈱シベール。

シベール創業35周年記念誌（2002）『お茶にしませんか』㈱シベール。

シベール創業40周年記念誌（2002）『未来への追憶』㈱シベール。

菅野正瑞監修，佐藤正治編（2010）『企業メセナの理論と実践』水曜社。

田中史人（2004）『地域企業論』同文館出版。

電通abic project編（2009）『地域ブランドマネジメント』有斐閣。

山住勝広・エンゲストローム, Y. 編（2008）『ノットワーキング』新曜社。

『山形新聞』記事データベース。

第 | 3 | 章

伝統産業地域における地域協働

1 伝統産業と地域活性化

　昨今，伝統産業の衰退が叫ばれて久しい。そこで行政や業界団体は，産地のPRや若者向けの商品開発などに力を入れているが，伝統産業振興策が十分な効果を発揮できていないのが現状である。

　伝統産業振興のためには，地域そのものの活力が不可欠であるとの指摘がなされている。もともと伝統産業は地域に根ざした地場産業である。地域の衰退は産地として基盤を失うことになり，伝統産業の維持そのものが難しくなってしまう。

　その一方で，伝統産業は地域活性化の武器になるとの指摘もなされている。観光資源としての側面を伝統産業は有しており，観光客の誘致や特産品の販売拡大による地域経済の活性化，さらには地域のアイデンティティ形成にも一役買っていることが考えられる。

　そこで本章では，伝統産業地域における協働を検討する前に，伝統産業が地域活性化につながることを見ていきたい。まず，伝統産業の問題点を指摘し，伝統産業振興と地域活性化の関係性について検討していこう。

43

1-1　伝統産業とは？

　はじめに，伝統産業とは何かをみていこう。実は「伝統産業」という言葉は，特に第2次世界大戦以後になって多く使用されるようになったといわれるように，さほど古い用語ではない（宗藤・黒松編著　1959）。また，伝統産業といっても様々な捉え方がされているが，一般的にコンセンサスを得ていることは，「近世・近代・現代と歴史を紡いできた地場産業および伝統的工芸品（の産業）」（上野　2010）である。歴史性（おおむね100年以上）を有しており，かつ地域性があることが伝統産業の共通点である（財団法人東北産業活性化センター編　2004）。

　伝統産業を定義するにあたり，よく「伝統的工芸品産業の振興に関する法律（伝産法）」に定められている伝統的工芸品の要件が用いられる。伝産法による伝統的工芸品の指定要件は，①主として日常生活の用に供されるものであること，②その製造過程の主要部分が手工業的であること，③伝統的な技術又は技法により製造されるものであること，④伝統的に使用されてきた原材料が主たる原材料として用いられ，製造されるものであること，⑤一定の地域において少なくない数の者がその製造を行い，又はその製造に従事しているものであること，の5点である（「伝統的工芸品産業の振興に関する法律」第2条）。

　しかしもう少し広い意味で伝統産業を捉える場合もある。例えば山崎（1977）は，地場産業を「伝統型地場産業」と「現代型地場産業」に類型し，伝統型地場産業は，産地の成立が江戸時代か，あるいはそれ以前である地場産業であるとしている。しかし，伝統型地場産業の中には，伝統的工芸品のみを産出しているのではなく，時代の変化に応じて産地形成の頃とは異なった製品を産出するに至っている地場産業も少なくないと指摘する。そこで彼は，「伝統という意味を少し広く解釈して，現在産地で産出する製品が昔とだいぶ変わっていたとしても，産地の形成を見た江戸時代ないしそれ以前からの伝統がいまだ根強く産地の根底に残って」おり，「産地の様相がかなり近代的，現代的になっているとしても，少数ではあるが伝統工芸品を製作している産地企業

が残っている」（山崎　1977, p.26）ことを伝統型地場産業の条件として見なしている。

　本章では山崎（1977）の定義に従い伝統産業を，伝産法によって指定されている伝統的工芸品に限らず，幅広く歴史性と地域性を有している産業であると考えていきたい。

　そして，今日の伝統産業は，低迷・衰退の傾向にあるといわれている。その原因として柿野（2010）は，①所得の伸び悩み，②和の生活離れの本格化，③中国など海外からの競合製品の流入，④産地の意識・構造改革の遅れ，などを挙げている。なかでもライフスタイルの変化，価値観の変化が大きく影響している。そして，柿野（2010）は伝統産業の衰退によって，例えば地域の人的なネットワークや祭り・独自イベントなどを消滅させ，地域の独自な絆・文化を希薄化し，伝統産業関連企業の廃業・倒産による地域独特の町並みを特性のない景観へと一変させていることが散見されると言及している。

1-2　伝統産業地域の活性化

　こうした現状を打破するために，伝統産業への需要喚起を促すだけでなく，地域そのものを巻き込んで変革することが求められる。上野（2010）が言及するように，伝統産業にとって地域は，「社会関係資本」であり，伝統産業を維持していくためには，地域を構成する多様な人的ネットワークの相互信頼によって地域社会の力を形成することが必要である。

　他方で，地域活性化する上で伝統産業が1つの武器にもなる。まず，伝統産業の発展によって，「住みよい地域社会の形成」が促進し，地域の魅力が増大すると指摘されている（小原　1991）。また伝統産業は，地域の観光資源，文化資源であると考えられている。柿野（2010）は，伝統産業が体験・見学など地域の貴重な観光資源であると指摘している。宮崎（2009）も，伝統産業が文化使節の役割を担っており，「世界に向けての地域の顔」であると言及する。すなわち，伝統産業が「地域ブランド」として機能するのである。

　ここで注意しなければならないことは，「地域ブランド」の対象の変化であ

る。これまでは特産品や特定の観光地が地域ブランドとして認識されていたが，今では地域そのものが地域ブランドの対象へと拡大している（電通 abic project編　2009, p.19）。そこでは，購買や観光が中心となった経済的拡大のみではなく，地域への誇りや愛着の創造，そして地域の持続的発展が地域をブランド化する目的となっている。

　また，こうした地域そのもののブランド化を可能にするためには，単独の組織（企業・行政など）では難しい。地域内外の主体や組織間のコラボレーション（協働）が不可欠である（電通 abic project編　2009, pp.19-21）。そこでは，①地域ブランドを形成する土台としての様々な主体が協働する「場」を構築すること，②地域の多様な主体（アクター）に地域の独自性を認識させ，ビジョンを共有させること，③地域ブランド化活動に地域内外の多くの人や組織を巻き込んでいくことが挙げられる（東　2013）。

2　協働する「場」の構築
──事例の検討

　前述したように，地域ブランド化するために，様々な主体のコラボレーションが求められる。その前提となるのが，様々な主体が協働する「場」の存在である。伝統産業を核とした地域活性化の場合であれば，地域にとって伝統産業の重要性が理解されていないと様々な主体が参加する協働は実現しがたい。そのために，その地域における文化や観光資源としての伝統産業の重要性を多くの住民や組織に理解させることが必要であり，こうした重要性が理解されることで多くの主体がコラボレーションする「場」が構築されると考えられる。以下では，様々な地域内外の主体・組織が協働する「場」について，事例をもとに検討したい。

2-1　伝統産地での地域協働─益子町

　まず伝統的地場産業地域（伝統産地）について，協働する「場」を検討した

い。本章では，栃木県益子町での事例を検討することにしよう。

栃木県益子町は，伝産法で指定されている伝統的工芸品「益子焼」で全国に知られている産地である。いわば益子焼という"地域ブランド製品"を有している地域といえよう。しかし，益子町の陶芸作家は，当地の著名な伝統的工芸品である益子焼に携わっているという意識は低いという。すなわち，伝統産業としての益子焼を作成するのではなく，陶芸品を作成する場があるから益子の地に集まっている人が多い（NPO法人MCAAへのインタビュー調査（2014年3月6日））。そのため，伝統産業を活性化させることよりもむしろ，自身の作陶活動をするために益子町が活性化しているほうが良いという意識が高い。こうした状況では，伝統産地としての地域を活性化するという枠組み内での様々な主体・組織間の協働する「場」を構築するのは容易ではない。すなわち地域全体を対象とした"地域ブランド"が生まれるのは難しいといえよう。

2-2 NPO法人MCAA（Mashiko Ceramics and Arts Association）

そうした益子町で設立されたのが，NPO法人MCAA（Mashiko Ceramics and Arts Association）である。MCAAは2011年12月に設立されたが，そのきっかけは2011年の東日本大震災である。

東日本大震災は当地にも甚大な被害をもたらした。死者こそ出なかったものの，登り窯や陶芸作品が損傷するなど，陶器産地ならではの被害があった。また作家も，それまで気づかなかった問題に直面することになった。

例えば，作家間の関係性の問題である。これまでの益子地域では，作家のネットワークができあがっていたかといえば，十分とはいえなかった。その問題を意識するきっかけとなったのが東日本大震災である。震災によって「作家同士のネットワークがあったら，重要な情報を素早く伝え，意見を収集できた」（MCAA配布資料（紹介パンフレット）より抜粋）との思いを持ったという。

さらに，震災によって多くの作品にも被害が出た。「地震によって割れた大量の器の破片をリサイクルする方法があれば，それらを有効に活用することが

図表3-1	NPO法人MCAA概要
設立年月	2011年12月25日に設立。
会員数	38名（2013年 8 月現在）
会の活動目的	作家ネットワークづくり，国内外との文化交流活動，陶磁器の再利用に関する事業を行い，創作環境の整備，まちの活性化に寄与する。
事業内容	①益子焼作家の創作環境整備及びネットワークづくり事業 ②国内外との文化交流事業 ③災害支援事業 ④割れた陶磁器及び不要になった陶磁素材の再利用事業

出所：「MCAA　Webページ」および「活動紹介パンフレット」より筆者作成。

できた」（MCAA提供資料（紹介パンフレット）より抜粋）のではないか。そうした思いも持つようになった。そして，「益子の復興の力になりたいと海外の作家や愛好者から，多くの手を差し伸べられ支援をいただき，陶芸や芸術を通じて，国内外の人たちと繋がることの大切さを実感した」（MCAA提供資料（紹介パンフレット）より抜粋）という気持ちが湧いてきた。こうしてNPO法人MCAAが創立された。

　会の目的は，「作家ネットワークづくり，国内外との文化交流活動，陶磁器の再利用に関する事業を行い，創作環境の整備，まちの活性化に寄与する」ことであり，①益子焼作家の創作環境整備及びネットワークづくり事業，②国内外との文化交流事業，③災害支援事業，④割れた陶磁器及び不要になった陶磁素材の再利用事業，を柱に事業を行っている。

　その中でMCAAと，地域の他組織，他主体と協働しながら進めている「益子焼データベースプロジェクト（Mashiko-DB Project）」と「濱田庄司登り窯復活プロジェクト」を事例に，伝統産業と地域活性化の関連性を検討したい。

2-3　益子焼データベースプロジェクト

2-3-1　益子焼データベースプロジェクトの特徴とその協働
　益子焼データベースとは，「益子焼に関わる情報を集め，公開・共有するこ

とで人と人の繋がりを広め，益子焼の振興を底上げすることが目的のサイト」
（「益子焼データベース」Webページより）である。

　この益子焼データベースプロジェクトがスタートするきっかけは，前述した
ように東日本大震災であった。震災後に益子町が益子焼協同組合に委託し，町

図表3-2　益子焼データベースプロジェクトの概要

これからの情報の流れ（内側）

行政
依頼　回答
団体A　団体B
Mashiko-DB
団体C　団体D
作家

Mashiko-DB Project
が中間に入ることで・・・

・情報の管理を行い，
　情報の集約・拡散・共有化を目指す

・それぞれの意見をまとめる
　中間業務をする

・それらをあくまで中立の立場で行う

これからの情報の流れ（外側）

企業
回答　依頼
行政
打診
団体A　団体B
Mashiko-DB
返答　返答
団体C　団体D
打診　返答
作家

Mashiko-DB Project
が中間に入ることで・・・

（コンサルティング的な業務）

・外部からの依頼を受け，
　必要に応じ，各団体に打診

・それぞれの意見をまとめる
　中間業務をする

・それらをあくまで中立の立場で行う

出所：「益子焼データベース」Webページ。

内に在住，または事業所のある陶芸家や窯元，ショップ・ギャラリーのデータベース作成を進めてきた。それを発展させるかたちで続けているのが「益子焼データベースプロジェクト」である。

2012年3月に，データベース化するための調査が終了した以降も，継続してデータを管理，更新し続けるとともに，そのデータベースを活用することで生かしていきたいと考え，行政・各団体・作家の有志が集まって始まった活動であるという（Mashiko-DB.netより）。そして，2016年12月に，データの再調査と益子焼海外販路拡大を目的とした内容にリニューアルされている（Mashiko-BD.netより）。

2-3-2　益子焼データベースプロジェクトの目的

では，なぜこうした活動が求められたのであろうか。実は，「商工会議所や益子町などの組織と企業がお互いに連絡をとることを妨げていた情報の欠如が，震災後に深刻な問題を作り出してきた」（カレ，プラジャクタ　2013, p.22）からである。前述したように，益子町は作陶の場所を求めて作家が集まってくることが多かった。「もともとが作家とか，お店同士の連絡網がなかった」（NPO法人MCAAへのインタビュー調査（2014年3月6日））というように，まずは情報インフラの整備が必要であると考えられた。そうして，このプロジェクト活動が進められることになった。

益子焼データベースプロジェクトの目的は「益子焼に関わる情報のデータベースの作成（主に作家・店舗情報）と，それを基にして益子焼を取り巻く産業活動の活性化・危機管理体制を底上げすることを目的としたソーシャルネットワークの構築を目指す」（Mashiko-DB.netより）としている（**図表3-2**参照）。

2-3-3　益子焼データベースプロジェクトの成果と展開

ただし，「いきなり，みんなの仕事が増える」ということはないとの認識である。今はないよりもあったほうがいいという立ち位置で地道に活動をしている。既存の団体，例えば協同組合などに名簿を預けたとしても，それが有効に

第3章　伝統産業地域における地域協働

使われるかといえば疑問符がつく。そこで，「誰かが積極的なかかわりの中から，いい方向を目指していくしかない」との考えを持つようになり，NPO法人MCAAが重要な役割を担っている組織の一つとなった。MCAAの活動においても大きな柱の一つとして存在している。

さらにこの益子焼データベースプロジェクトの企画から，「益子焼勉強会」などの新たなつながりが生み出されている。この勉強会では，益子焼という産地に根ざした焼物を理解し，益子という土地をより深く理解することで，産地としての魅力を向上させ，説得力のある焼物を生み出す力を育むことを目的としている。

このように，陶芸作家個人のつながりが希薄だった益子地域に，作家同士の連携が生まれている。組織や個人の密な関係性だけでなく，緩やかなつながりが生まれ，益子焼に関係している住民の意識も変化してきているようである。

2-4　濱田庄司登り窯復活プロジェクト[1]

2-4-1　濱田庄司登り窯復活プロジェクトの概要

益子焼の歴史に大きな影響を与えた人間国宝の濱田庄司（1894年〜1978年）が愛用した登り窯が益子町の中心地から少し離れた濱田庄司の旧宅（現在の濱田庄司記念益子参考館）にある。この益子参考館も東日本大震災の被害を受けた。登り窯や益子参考館の石倉の四隅にひびが入るなどの大きな被害を受けた。しかしこの益子参考館を復活させようと全国あるいは海外から寄付が集まる。その金額は8000万円に達し，益子参考館再建基金が設立された。

そして，寄付のお礼を兼ねて元気になった益子を見てもらいたいという機運が高まっていった。その中で，庄司の孫で益子参考館館長の濱田友緒氏が，登り窯を通じて関係者の新たな交流を生み出し，さらなる益子の活性化を目的として，庄司の没後以来使用されていなかった登り窯を約40年ぶりに復活させようと考えて，濱田庄司登り窯復活プロジェクトはスタートした。ちょうど2014年に濱田庄司の生誕120周年を迎えることも一つのきっかけであった。

51

図表3-3 濱田庄司の登り窯

出所：筆者撮影。

2-4-2 プロジェクトにおける協働

　このプロジェクトは，益子参考館が主体となって進められた。しかし，一つの組織だけで成し遂げられるものではない。登り窯を復活させるには人手がいる。またこのイベントが地域にどう生かせるかを考えることも必須であった。そこで，益子町役場に依頼しながら，1年経った時点で文化庁の「平成26年度地域と共働した美術館・歴史博物館創造活動支援事業」に採択され，約400万円の助成金を得ることができた。

　「人手」はどうか。濱田庄司登り窯復活プロジェクトの中心メンバーは，参考館の理事が担っていた。この理事たちは，益子焼関係者が多い。また益子の復興市である「ましこ市」をした時の関係者が多かった。しかし，観光と陶芸作家間の壁があった。

　そこで益子参考館の事務局からMCAAに依頼があった。MCAAは委員会の一つとして参加し，交流事業の場を設ける役割を受け持った。さらに，栃木県民藝協会や商工会，観光協会，民芸店などの様々なアクターが参加することになった。約10回の委員会活動と5回の打ち合わせを行いながら関係性を強めていった。また2015年1月からのイベント中に講演会を実施すると，地域の飲食

店などの地元の人たちの参加もあった。

　登り窯を復活させるためには，その登り窯で作品づくりをする陶芸作家が欠かせない。作家募集は前述した「益子焼データベース」から見つけたり，資料を配付したりして募集した。こうして30名ほどが集まった。さらに，アンケートを実施し対策も考えることになった。最終的には，60名強のプロの作家と，30名の地元中学生・高校生の参加を得て，トータルで90名近くが登り窯で作品を焼き上げることになった。ただし，初めてのプロジェクトであるので，乗り気だった作家はあまり多いとは言えなかった。

2-4-3　登り窯復活イベント

　2015年1月24日から1か月に渡って，登り窯復活のイベントが実施された。しかし実際にはその半年以上前から活動していた。「窯焚き」の約半年前の2014年10月に参加者実施説明会が行われている。プロの陶芸家や益子の学校関係者など多数が集まった。このイベントを特徴づけるコメントが「濱田庄司登り窯復活プロジェクト」のWebページにレポートとして記されていた。「益子と一口に言っても様々な手法の作家たちです。個性豊かな作家たちがこれだけの人数で一堂に集まって一つの窯焚きについて考えるという珍しい機会でした」（「濱田庄司登り窯復活プロジェクト」Webページ）という。これまで交流がなかった作家をつなげることができつつあった。

　その後も準備は続く。登り窯に使う薪を割ったり運んだり，窯道具の準備する手伝いをしたりと，こうした活動が3・4回あった。こうした準備段階を通して，参加している作家の気持ちに変化が生じてきた。初めのうちは「ちょろちょろの参加」であったが，だんだんと楽しくなっていった様子が見てとれる。そして作家間での交流も生まれてきた。

　2015年1月24日，「濱田庄司登り窯復活プロジェクト」の復活イベントがスタートした。1月25・26日の「空焚き」，2月1日〜5日の「窯詰め」，そして2月7日〜11日の「窯焼き」を迎えた。イベントの様子について，「焼き上がるまでが盛り上がった」という。

そして2月15・16日に「窯出し」が行われた。焼き上がりを見るまでは緊張の面持ちであったという。ガス窯や電気窯と違い，登り窯などの薪窯だと，窯から出してみないと出来具合がわからない。失敗作だったとしても，90名近くで一緒に作っているので他者に見られてしまう。そういった思いがあったようである。その後，イベントのフィナーレとして2月21・22日に益子参考館内で「登り窯祭」が開催された。音楽ライブや地元飲食店の出店などが行われ，プロジェクトの余韻を楽しんだ。

2-4-4　濱田庄司登り窯復活プロジェクトでの意識変化

すでに述べているとおり，このプロジェクトを通じて参加作家の意識に変化が起きている。まずは益子地域の現状についての共通意識が醸成できてきた。もともとこのプロジェクトについて濱田友緒氏は，「(登り窯を復活させる目的で集まった)老若男女があらためて益子焼についても思いを巡らせ，この窯焚きが仕事においても一つの小さな分岐点になること」を考えている。そうして，「地域に，人に，益子の文化に，そして益子参考館にと，様々な波及効果を期待して，沢山の方々に関わっていただけるものになることを強く願い事業として育てていければと考えます」(「濱田庄司登り窯復活プロジェクト」Webページ) とのことである。

プロジェクトを通じて，作家の交流が増え，希望が見えてきたという人がいた。また，「やりたかった」と後から言われることもあった。さらに「色々な団体が交流をもてて，その交流がスムーズに行えるようになった」とのことである (2015年3月29日，益子参考館インタビュー)。

他の地域主体の意識としては，「イベントで助かる」という意見があった。また「(濱田庄司の登り窯での窯焚きを) 3年に1度やろう」との案も提示されたという。そして実際に，2018年2月に窯出し予定で「濱田庄司登り窯復活プロジェクト　Vol.2」が2017年5月から始動している。このように益子地域の住民のなかにも，改めて"益子焼とその産地"を軸とした地域活性化の可能性を意識するようになったと考えられる。濱田庄司登り窯復活プロジェクトはそ

第3章　伝統産業地域における地域協働

の一助となったのである。

2-4-5　2つのプロジェクトを通じての考察

　こうした2つのプロジェクトは，単独の組織や個人で完結しているものではない。多くの組織や個人が協働することによって成り立っているのである。

　例えば益子焼データベースプロジェクトでは，最初は行政（益子町）が業界団体（益子焼協同組合）に委託するというかたちでスタートした。しかし，この両者だけで完結しているわけではない。データベース化の後も継続して事業を進めることを目的として益子焼関係団体振興協議会が主体となってプロジェクトを継続している。

　濱田庄司登り窯復活プロジェクトでも，一つの主体が全てを実行しているわけではない。行政や観光協会，NPOや作家個人など，様々なアクターが参加してコラボレーションができている。しかも，「強い連携」でプロジェクトが進んでいるというよりも，「弱い連携」によって進められている。

　ダイアドの組織間関係にとどまらず，他者を巻き込みながら地域協働（コラボレーション）へと発展しているのである。では，なぜ，またどうすれば地域の他主体を巻き込みながら協働へと発展できるのであろうか。次節でさらに詳しく検討したい。

3　事例から学ぶ伝統産地における地域協働の成功要因

　今回取り上げた，益子町における2つのプロジェクトの事例から，伝統産業地域における地域協働の成功要因を考えていこう。

3-1　事業の継続性

　2つのプロジェクトは様々な地域主体の協働によって成り立っているが，その中で，NPO法人MCAAは重要な役割を担っているといえる。結論を先取りしていえば，MCAAが継続して事業を行うことで，協働する「場」を生み出

55

しているのではないかと考える。

MCAAへのインタビューでは，「外部から（作家や観光客などが）集まってくるのが，これまでの益子の魅力であった」という話がなされた。その一方で，「最近は，作家のつながりが弱くなっている」とのことである。昔は先輩作家と上下関係があり，仲間からいろいろな助言を受けることが多かった。しかし今は個人プレーの作家が多くなってきているという。そして益子を訪れる観光客や焼き物ファンも「作家を求めて（益子に）買いに来ている」という。これだと対外的には「益子は売れている」「益子は目立っている」と言われるが，本当に益子の地域の力になっているかといえば，疑問符が付くと考えている。作家個人が，人気が出て作品が売れれば短期的には益子にプラスになるが，長期的に見ればプラスばかりではないとのことである。

こうした理由の一つとして，昔からの外部の人間を受け入れる益子の風土があるからだという。それでも以前は，土のこと，窯のことなどで先輩作家に教えてもらうことが必要であった。だが，現在は土が欲しくなったら，インターネットで注文できる時代になった。だから作家間のつながりが希薄になったともいえる。

そこで，「NPO化し，NPOの存在をアピールして声を届けていることが必要」だという思いから，震災をきっかけとしてMCAAが立ち上がった。そして，前述の益子焼データベースプロジェクトや濱田庄司登り窯復活プロジェクトなどの事業を通じ，また他の活動によって「2年がたって，少しずつ周りが認知してきた。メディアに取り上げやすい，また行政との絡みも増えてきた。活動としては着実に前に進んでいる」（NPO法人MCAAへのインタビュー調査（2014年3月6日））ようになってきた。協働するための「場」ができつつある。

しかし，「共通の意識がある人たちでも，まだまだレスポンスが遅い面がある」（NPO法人NCAAへのインタビュー調査（2014年3月6日））という。また，「街全体のイメージが，産地としてのまとまりではない」とのことである。そのため，今後も継続的な活動を行い，他者を巻き込みながら協働を広げていくことが必要であるとの認識を持っている。

第3章　伝統産業地域における地域協働

「後5年，10年続けていく。利益を出して，ちゃんと事務員とか費用もお支払して，成立するNPOにする。益子は小さくてもできそうな気がする。」とMCAA代表の横尾聡氏は話されていた。

3-2　伝統産地における協働の「場」の形成

　では，こうした伝統産地でさらなる協働の「場」を構築するために何が必要になるだろうか。ここでは益子だけでなく，他の伝統的工芸品産地（伝統産地）の議論も踏まえながら，伝統産地における協働の一般論を探っていこう。

　山田（2013）は，佐賀県有田町や滋賀県信楽町といった陶磁器の伝統産地では，長年にわたって継承され伝承されてきた歴史的な事実の重みが，伝統工芸技術や技能とそれを受け継ぐ窯元に正統（当）性を与える一方で，窯元の焼き物づくり，職人と業者との関係について変革は難しくなると指摘している。すなわち，伝統産地では，伝統産業に従事する企業（あるいは業界団体）はこれまでの歴史・文化によってつくられた制度の影響を強く受けるのである。そこで，こうした制度の外にある，別の活動システムにあるNPOなど周辺的な組織が地域固有の制度の変革を主導し，協働する「場」を構築できると考える。

　今回の事例である益子の場合は，他の産地とは異なる特徴がある。繰り返し述べることになるが，作家は作陶できる場所を求めて益子にいる場合が多い。特にインターネット社会になった昨今では，作家間のつながりが希薄になってきた。また，益子焼という伝統的工芸品を作っている地域だからこそ，作家に正統性を与えているという面があるものの，訪問客（観光客や買物客）は作家個人の作品を求めて益子に来る人が多い。作家の個人プレーが「当たり前」だと認識されるようになってきている。

　しかしながら，そうした当たり前だと思われている文化・歴史的な制度を打破すべく，直接的な関係をつくっていきたいと考えて，MCAAは活動している。その結果，地域のアクターの認識（意識）も変わりつつあると指摘する。そして，こうした制度を変革し，また他の地域主体を巻き込みながら，協働できるような「場」を構築していくことが求められるのである。

57

4 ノットワーキングの視点から見た伝統産業地域の地域協働

　最後に，第1章で提示した「ノットワーキング」として伝統産業地域の協働を考えてみよう。

　地域には様々な主体が存在する。栃木県益子町ももちろんである。本章の事例では十分に説明できていないが，2つのプロジェクトはともに行政，企業，住民など多様なアクターが関係し，地域協働が推進されている。こうした様々な主体が協働して，プロジェクトが推進された。

　また震災をきっかけに設立されたNPO法人MCAAが重要な役割を果たしていることを指摘した。ただし，全ての協働の中心がMCAAではない。前述したように，「益子焼データベースプロジェクト」では，益子町が益子焼協同組合に委託するというかたちで開始され，益子焼関係団体振興協議会が主体となってプロジェクトが継続されている。一方，「濱田庄司登り窯復活プロジェクト」は，益子参考館が中心となって進められた。またこのプロジェクト内でも様々な課題が生じ，その度に協働の中心となる主体が変わっていた。MCAAはこうした協働の場（エンゲストロームの言葉を借りれば「菌根」）をつくることに大きな役割を果たしていたといえよう。

　そして，一見すると，「益子焼データベースプロジェクト」と「濱田庄司登り窯復活プロジェクト」とは相互に関連しない協働活動だと考えられる。しかし，益子町という地域で実施されている活動である。益子町の活性化という広い視野でとらえるならば，「連続する協働活動」といえる。しかも，「益子焼データベース」が「濱田庄司登り窯復活プロジェクト」において，益子焼作家をプロジェクトへ参加させる媒介的道具として存在している。そして，それらのプロジェクトごと，さらにはプロジェクト内で発生する様々な課題ごとに協働活動が，紡ぎ，ほどかれ，再び紡ぎ出されているのである。

　また，これらのプロジェクトを通じて，新たな活動も派生している。つまり，

第3章　伝統産業地域における地域協働

一つの協働活動が，次の協働活動の「呼び水」となることがある。「益子焼勉強会」や「濱田庄司登り窯復活プロジェクト Vol. 2」がそれである。これらは，創発的に生まれている。つまり菌根が形成されていることから，自発的にいくつもの活動が発生することが可能になっているのである。

5　まとめ

　これまで見てきたように，伝統産業振興と地域活性化は密接不可分な関係にある。ただし，最初から伝統産業を核とする地域活性化に対して協力的な「場」ができているとは限らない。そこで協働しやすい環境，すなわち「菌根」を整えることが必要になると考えられる。筆者は，歴史的・文化的制度に埋め込まれた伝統産業関係者よりも，また法的制度に縛られた行政関係者よりも，NPO等の周辺者が地域の価値観を変化させるように働きかけていくことが必要であると考える。こうした行動によって，協働する「場」が生まれ，それが「紡ぎ出されたり，ほどけたり」しながら，他の主体を巻き込んで地域全体に広がっていく。制度的な影響を受けやすい伝統産地だからこそ，ノットワーキングの視点からの協働を考えることが不可欠になるであろう。

〈注〉
1　本章の事例は東（2017）の一部を加筆・修正したものである。

〈参考文献〉
東　俊之（2013）「伝統産業振興と地域活性化の関係性について」『日本学研究』（金沢工業大学）第16号，pp.240-220。
東　俊之（2017）「伝統産業地域における地域活性化事例の分類」『実践経営学研究』第9号，pp.261-270。
上野和彦（2010）「伝統産業と地域」『中小商工研究』第103号，pp.4-10。
小原久治（1991）『地場産業・産地の新時代対応』勁草書房。
柿野欽吾（2010）「地域活性化の切り札・伝統産業の再生―伝統産業の町，京都の取り組み

59

からみた振興策の方向性―」『中小商工研究』第103号, pp.11-20。

カレ, プラジャクタ（2013）「外生的ショックと産業集積内の現場協働：東日本大震災による益子町での社会関係資本」『組織科学』第47巻第 1 号, pp.15-27。

財団法人東北産業活性化センター編（2004）『ふるさと力・地域ブランド力を高める　伝統産業新時代！　昔ながらのモノづくりが今に生きる』日本地域社会研究所。

田中豊治（1999）「分権型社会におけるまちづくり協働システムの開発―住民と行政を結ぶ中間組織の編成原理」『組織科学』第32巻第 4 号, pp.33-47。

田中道雄（2012）「地域ブランドとは」田中道雄・白石善章・濱田恵三編著『地域ブランド論』同文館出版。

電通 abic project編（2009）『地域ブランドマネジメント』有斐閣。

星　和樹（2008）「組織における創発的コラボレーションのマネジメント」『愛産大経営論叢』第11号, pp.73-82。

宮崎　清（2009）「伝統的工芸品産業のグランドデザイン―伝統的工芸品産業の光をともし続けよう―」『地域づくり』236号（2009年 2 月号）, pp.4-7。

宗藤圭二・黒松巌編著（1959）『伝統産業の近代化』有斐閣。

山崎　充（1977）『日本の地場産業』ダイヤモンド社。

山田幸三（2013）『伝統産地の経営学』有斐閣。

第 | 4 | 章

地域協働実現のための
新しいガバナンス体制の構築

1 新しいガバナンス体制への流れ

　行政における中央集権型の官僚体制による統治は，公共管理（＝OPA：Old Public Administration）と呼ばれ，国王や党派の情実に左右されてきた政府の意思決定を，公平で民主的なものにするために19世紀後期にできた新しい組織の仕組みである。官僚制が目指したのは，1つの目的達成に向けて，効率的に，長期的に安定したサービスが提供できる組織の実現である。達成すべき目標に向けて，遵守すべき規則や手順に基づき，命令の一元化が貫徹されたヒエラルキー構造の中の役割や地位に応じて，分与された仕事を執行する組織が最も効率的であると考えられた。

　OPAは，戦後の高度成長期の画一的な社会インフラの構築と福祉国家の実現にその効率性を発揮したが，1970年代以降，官僚制度の限界が目立ってきた。官僚として規律を遵守することを過剰に叩き込まれた結果，合理的政策実行のための手段であった規則の遵守そのものが目的化してしまい，行政職員の杓子定規的な対応が生まれる。規則を守ることが「目的」となってしまい，何のためにその規律ができたかを考えないが故に柔軟な対応ができなくなってしまうのである。また，行き過ぎた分業体制は，自部門の利益しか考えない，セク

61

ショナリズムを生むことになる。

　さらに，法的な強制力で税収が得られる行政においては，市場での競争がなく，外部環境の変化に鈍感で，放漫経営に陥りやすい。仕事の量にかかわらず，役人の人数は増加するという「パーキンソンの法則」により，組織が肥大する。手厚い社会福祉制度など行政の機能の拡大は，先進国において膨大な財政支出をもたらし，財政赤字を拡大させた。その結果，福祉国家主義から，自由な市場活動を保障し，「小さな政府」を目指すべきであるという新自由主義の考え方が急速に広がった。このような環境変化の中で，アングロサクソン諸国を中心に1980年代から1990年代にかけて，行政改革活動が拡大した。これらの活動を総称して，新しい公共経営（＝NPM：New Public Management）と呼んでいる（Hood 1991）。NPMは，大きな環境変化の中で，行政に民間企業の経営手法を導入し，行政部門の効率化・活性化を目指した。NPMの基本理念は，①業績・成果による統制，②市場メカニズムの活用，③顧客主義への転換，④ヒエラルキーの簡素化の4つの要素に整理できるが，本質的なものは①および②で，特に①は「契約型システム」への転換を意味しており，NPM論の核心と考えられている（大住　2005a, p.92）。NPMの定義は，国や地域によって違い，時代とともに変化しており，いろいろな類型が存在している。英国・ニュージーランドで始まった古典的NPMの特徴の一つは，NPMの「契約型システム」に基づき，政府の機能を「政策の立案」と「政策の執行」に分離し，執行部門の業務の標準化を進めたことである。標準化により，執行部門の業務への新たな参入を可能にし，業績測定を行い，競争による効率化を可能とした。しかし，立案と執行の2つの組織間の仕事の内容を契約で規定できない場合，その調整コストが大きくなる。そして，執行部門の現場での裁量を認めなければ，執行部門ではモチベーションが落ち，執行部門の生産性は改善せず，行政部門全体の効率は低下する（Stewart 1996）。政策立案部門と執行部門の業務の相互作用が低い場合は，両者の関係はマニュアル化でき，民間の市場メカニズムの導入がうまく機能するが，その相互作用が高い業務については，政策立案機関と執行部門の信頼関係が重要となり，市場メカニズムを基本とした

第4章　地域協働実現のための新しいガバナンス体制の構築

NPMの発想だけでは，行政部門の効率化も達成できないのである（McLaughlin, K., Osborne, S. and Chew, C. 2009）。

　このような状況下，1998年に英国ブレア政権になると，アウトカムや価値に適合した公共サービスの再構築が必要と考えられるようになる。特に住民に近い地方自治体において，多様化した地域のニーズを知っている地域のアクターとの協働が必要となり，NPMは市民協働型に変化してきている（大住　2005a, pp.95-96）。このようなガバナンス体制は，行政は奉仕者として市民と協働のガバナンスを形成する体制であるという観点から，ステファン・オズボーン（Osborne, P. Stephen）によって，NPMとは別に，「新公共ガバナンス」（＝NPG：New Public Governance）と命名されている（Osborne 2010）。「公民連携」（＝PPP：Public Private Partnership）の先進国である英国においては，地方自治体における協働とは，企画段階から予算，実施，評価と，PDCAサイクルの全てにわたる行政の生産性向上，品質向上のための取り組みを指し，協働がいろんな分野に広がってきている。

　日本においても，NPM型の事務事業評価の限界が指摘されるなか，NPG型ガバナンス体制の推進につながる「新しい公共」宣言が2010年に内閣府によって発表された。ガバメント（統治）からガバナンス（協治）へのパラダイムの転換である。行政だけで公共を担うのではなく，地域を構成する多様なアクターによって担われる「新しい公共」の時代への変化である。「新しい公共」とは，「人々の支え合いと活気のある社会をつくることに向けたさまざまな当事者の自発的な協働の場」（内閣府　2010）と定義されている。少子高齢化，人口減少の時代の流れのなか，財政の縮小と福祉の拡大を求められる地方自治体にとって，「新しい公共」の再構築が有効な解決策の一つであるのは明らかである。しかしながら，日本における協働とは，行政コストを削減するための手段と見なされており，民間に格安で課題解決をやってもらえる協働事業という理解にとどまっている。

　このような背景のなか，兵庫県豊岡市においては，民間企業出身の副市長が公募で2009年に採用され，民間企業人の視点で，多様なアクターとの協働が推

63

進されてきた。首長からは明確な経営方針が発表されている。しかし，"経営方針に基づき目標を達成しないと将来生き残れない"という危機感を共有する風土は生まれていない。どうすれば，政策実現に向けベクトルを合わせ，地域のアクターを巻き込んだ，戦略遂行ができるのか。この章においては，豊岡市における行政評価の取り組みを時系列に分析し，行政と市民との協働により，地方自治体の戦略のPDCAマネジメントが運営する手法として「協働型プログラム評価」を紹介する。

2 事務事業評価の限界

2-1 事務事業評価の課題

　日本におけるNPMは，他の先進国より遅れ，1995年に北川正恭知事によって開始された三重県の行政改革で始まった。デビッド・オズボーン（Osborne, David）とテッド・ゲーブラー（Gaebler, Ted）が，米国の行政機関における新しい改革を「起業家精神を持った行政」という視点でまとめた『行政革命』に強い影響を受けて，三重県での事務事業評価の導入は，職員の意識改革と政策形成能力の向上に優先順位が置かれた（上山・伊関　2003, p.71）。全ての事務事業に１つずつ調書を作成し，自己評価していく事務事業評価の仕組みは，他の地方自治体でも導入が容易だったこともあり，財政縮減を取り組んでいた多くの自治体が参考にし，全国の自治体で広がった[1]。

　しかし，事務事業評価は導入の容易さの反面，行政のマネジメント改革にはつながっていないようである。大住（2005b）は「行政評価の導入が必ずしも自治体マネジメントに発展していないケースがしばしばみられる。日本の行政評価の導入パターンをみると，事務事業評価から導入が始まり，施策評価につなげ，政策評価へ発展させるケースが多い。このような場合，事務事業評価であれば，マネジメントのWill（意思）が明確でなくても形式的には実施できる」と，事務事業評価が抜本的な経営改革に至っていないことを警告している。

第4章 地域協働実現のための新しいガバナンス体制の構築

広島大学行政評価研究会（2007）の調査では，「実施が目的化している」と答えている自治体が35.3％もある。さらに，63.5％の自治体が「作業の割に負担感が多い」ことを問題と挙げており，効果が見えないことが職員の負担感につながっているようである。

　三重県や静岡県のように経営改革にNPM型の行政評価を本格的に取り入れた地方自治体とは違い，多くの市町村においては，事務事業評価は期待したほどの成果には至らず，評価制度の見直しが求められている。筆者が関わる豊岡市でも，他の地方自治体と同様に，豊岡市における事務事業評価も，導入初期のコスト削減効果にとどまり，時間の経過とともに成果が薄れ，作業の割に職員の負担感も大きく，職員の意識改革につながらなかった。このような状況下，2012年に事務事業評価を凍結し，「協働型プログラム評価」を導入することが決定された。「協働型プログラム評価」は，地域のアクターと戦略を考える話し合いの場である「ワークショップ」を通じて，政策やプログラムの改善を行う「参加型評価」である。規則による管理で行政内部の効率化を狙ったOPAや，市場での競争を活用した業績管理で効率化を狙ったNPMとは違い，多様なアクターが政策立案や執行に積極的に参加していく民主的なプロセスを通じて，行政サービスの品質向上を進めるNPGに対応した評価を目指している。網羅的に全ての事業を評価する事務事業評価の限界に対して，戦略的な政策にフォーカスして多様なアクターとの協働により成果を追求する協働型プログラム評価の方法論とその具体的な導入事例を**図表4-1**のスケジュールに従い考

図表4-1 　豊岡市における行政評価の取り組み状況

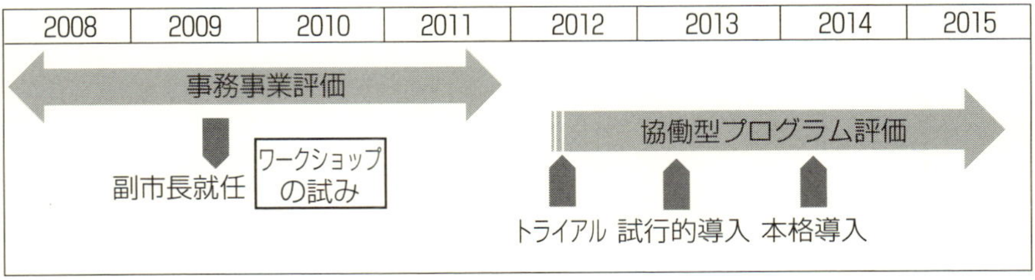

2008	2009	2010	2011	2012	2013	2014	2015

事務事業評価

協働型プログラム評価

副市長就任　ワークショップの試み

トライアル　試行的導入　本格導入

出所：筆者作成。

65 •

察する。

2-2　豊岡市の事例

　2005年に1市5町が合併後，豊岡市では肥大化した財政の健全化を図るために，行政改革の一環として，事務事業評価の導入が決定され，2008年より2011年まで4年間実施された。豊岡市において導入された事務事業評価は，他の多くの市町村と同様に，調書を使い，管理部門である政策調整部が，資源配分を管理する事務事業評価である。事務事業評価は，各事務事業の実施状況を検証し，改善点を明らかにして事業の効率化を図ると同時に効果の小さい事業や役目を終えた事業を整理することを主目的としている。**図表4-2**に示した2008年度から2011年度までの事務事業評価の結果によれば，初年度は，一次評価も，二次評価も全ての事業について評価が行われたが，2009年度には，二次評価は一次評価の30%と減少し，2010年度には一次評価は全事業数の20%，二次評価は8.3%と大幅な減少になっている。大幅な減少の理由は，事務事業評価の事務量が多大で，結果として十分な精査に結びつかないという実態が，2010年度のアンケート調査で明らかになったからである。

図表4-2　豊岡市事務事業評価の実施状況

	2008事業		2009事業		2010事業		2011事業	
全事業数	798		777		673		673	
一次評価	798	100%	777	100%	136	20%	138	21%
二次評価	798	100%	236	30%	56	8%	55	8%
A：継続	202	25%	56	7%	10	1%	22	3%
B：改善小	556	70%	167	21%	40	6%	32	5%
C：改善大	36	5%	12	2%	6	1%	1	0%
D：休廃止検討	4	1%	1	0%	0	0%	0	0%

一次評価：担当部門による評価　　　二次評価：担当部門以外の評価
出所：豊岡市のHPのデータから筆者が作成。

第4章　地域協働実現のための新しいガバナンス体制の構築

　評価方法は2段階に分かれる。まず，事務事業を構成する業務レベルで，市の関与必要性，有効性，効率性の観点からそれぞれの業務を評価する。その後，それらの業務の固まりである事務事業のレベルでの最終的な総合評価で，A（継続），B（改善小），C（改善大），D（休廃止検討）の4つに分類する。それぞれの事務事業は，予算の単位であり，市の総合計画の政策体系上，当該事務事業がどの施策の手段となるのか，そして，その施策はどの政策の手段となるのか位置づけが明確にされている。2008年には，休廃止検討が1％，大きな改善を要求された事業が5％，小さな改善を要求されたものが70％だったのが，年を追うごとに改善を要求されるものが大幅に減少している。事務事業レベルの評価は，一度点検すれば，それ以上の効果は出てこないという傾向があることがうかがわれる。政策とは，特定の成果を出すための目的―手段の作戦体系である。政策の目的を明確にして，それを達成するための手段を事前に検討できていなければ，評価する基準が曖昧となり，事後の評価は難しくなり，マネジメントサイクルは回らなくなる。予算の単位として事前に査定された事務事業は，政策を実現するための手段の一つであり，政策達成にそれぞれの事務事業がどのような貢献をしたのかを評価せず，事務事業だけを評価しても，成果の改善に結びつけるには限界があるのである。

　豊岡市では，職員の意識改革も事務事業評価の目的としていた。1つひとつの業務の目的を明確にし，市関与必要性，有効性，効率性等の観点から評価することは，予算査定と執行の繰り返しの中で，実績や成果の評価を軽視しがちであった市の職員にとって，新しい学習の機会になったと思われる。しかし，事務事業評価の3年目に当たる2010年度に，職員の意識改革の進捗を確認したところ，職員の疲労感・やらされ感が強くなっていることが指摘されている。網羅的に進める事務事業評価の事務量が多大で，結果として十分な精査に結びつかないのである。それに加えて，行革のツールとして管理的な「削減」のイメージが強いため，事後の予算査定の強化という要素が強く，職員の「やらされ感」が強くなっているようである。

67

3 協働型プログラム評価

協働型プログラム評価は，事務事業評価のように全ての事務事業を評価するのではなく，トップマネジメントのコミットメントが要求される必要な政策テーマを戦略的に選び，その政策（プログラム）をPDCAの全ての工程で評価を行う。戦略的に成果を出さなければならない政策にフォーカスし，リソースを集中させることで，網羅的に行われる事務事業評価の負担感を軽減し，職員のモチベーションと成果達成への意欲を高めることを重要視している。また，協働型プログラム評価は，多様なアクターが当事者として評価のプロセスを共有することを重要視する「参加型評価」が活用によって，NPG型ガバナンス体制へのイノベーション推進を目指している。

3-1 プログラム評価の活用

プログラム評価は，行政評価に活用されてきた業績測定と比較すると理解しやすい（**図表4-3**）。「業績測定」においては，外部の利害関係者[2]やプログラムの管理者が，アウトプット業績を測定し，財務管理的な視点からプログラムを管理することを目的としているのに対し，「プログラム評価」は，政策作成者が特定のアウトカムを達成するために，政策を改善することを目的としている。プログラムとは，社会的介入作戦であり，プログラム評価は，社会的介入作戦そのものと，その作戦の遂行の質を向上させる評価なのである。

豊岡市の協働型プログラム評価においては，目的達成のための政策体系（＝プログラム）となる目的—手段のロジック・モデルを，「戦略体系図」と呼んでおり，「戦略体系図」を改善することが評価の目的となる。政策の最終アウトカム（＝目指す成果）を上位目的とし，上位目的の達成に向け3～4年の期間で達成すべき中間アウトカムを戦略目的として設定する。その上で，それらの目的を達成するための手段を階層化して検討していく。戦略目的の達成に必要な手段を考え，次にそれらの手段を目的とし，それらの目的を達成するため

第4章　地域協働実現のための新しいガバナンス体制の構築

| 図表4-3 | 業績測定とプログラム評価の比較 |

	業績測定	プログラム評価
分析の単位	プログラムのアウトプット	プログラムのアウトカム
主たる目的	外部への報告	プログラムと政策の改善
視点	財務・内部管理	政策とプランニング
使用する方法	測定	応用社会科学としての評価手法
データの利用方法	プログラムを管理するものと外部の利害関係者（受益者・納税者）に情報をフィードバックする。	プログラムのアウトカムとインパクトに関する情報を，政策作成者やプランナーにフィードバックする。
求められるもの	定点観測・経常監視	変化に向けて必要な情報

出所：山谷（2012）p.101。

の手段を考えていくのである。その際，各階層の手段で，本当に目的が達成できるのか，その整合性を確認しながら，組み立て，政策の理論的有効性を追求することが重要となる。協働型プログラム評価では，戦略のPDCAマネジメントの全ての段階において評価が行われ，戦略体系図の改善が検討される。特に，戦略体系図の策定を通じて，戦略構造の論理性を理論的に事前評価する「セオリー評価」が重視される。「セオリー評価」では，前述した政策の理論的有効性を追求すると同時に，政策の使命や目的を明確にして，それを達成するための手段を事前に検討することで，評価する基準を明確にできるのである。

　さらに，行政で把握できるアウトプット指標を設定するだけでなく，政策の有効度を確認するためのアウトカムの評価指標を設定し，社会調査が実施され，毎年モニタリング調査が行われている。これらの調査結果を使い，市民協働のワークショップを通じて，現場での作戦の実行がうまく機能しているのかを評価する「プロセス評価」を行うと同時に，その作戦そのもののさらなる改善が必要かの「セオリー評価」も継続して行われるのである。また，各取り組みの成果を図る上位の「アウトカム評価」も，成果が表れる数年後に行われる予定

69

である。

3-2 参加型評価の適用

　協働型プログラム評価は，地域のアクターと戦略を考える話し合いの場である「ワークショップ」のなかで，政策やプログラムの改善がステークホルダーを巻き込んだ参加型評価を通じて行われる。従来型の評価が評価結果による影響を重視しているのに対し，参加型評価は評価プロセス自体がステークホルダーへ与える影響を重視した評価方法である（源　2008, p.95）。評価者が結果を評価するのではなく，ステークホルダーが評価結果を共有して改善していくことが重視されるのである。

　ワークショップでは，ワークショップの進行役であるファシリテーター（＝協働促進役）の役割が重要となる。協働推進役のリードにより，多様なアクターが対等な立場で参加できる場がつくられ，多様なアイデアや意見を得て，皆が合意する戦略体系図を策定する。市民と一緒に戦略体系図を策定するワークショップは，行政職員を鍛えるのに役立つ。特に，このワークショップを成功させ，よい政策を立案するためには，職員自らが有能な協働推進役になる必要がある。ファシリテーションは，多様なアクターが対等な立場で参加できるワークショップをリードする技術であり，地域のプロデューサーとしての職員のプロフェッショナルなツールとなる。有能な協働促進役の存在により，参加者が当事者意識を持ち，お互い信頼し合い，自由な立場で思う存分議論に参加できる場が生まれ，行政と市民との連携，行政の縦割り組織の横の連携が可能になるからである。市民を，公共サービスを受けるだけの顧客として見なしていたNPMに対して，NPG型ガバナンス体制では，市民は公共の所有者でもあると見なしているのである。

3-3 協働型プログラム評価導入の流れ

　2013年から協働型プログラム評価の試行的導入が始まり，明治大学教員ら[3]による研修が庁内で選出された職員を協働促進役として4回行われた。この研

修は，プログラム評価・協働・ファシリテーションの講義だけでなく，実際の戦略体系図を策定するワークショップの実践に重きをおいたプログラムであった。12の政策が試行的に選ばれ，それぞれの政策に対応して協働促進役が2名ずつ選ばれた。庁内における研修の後，政策ごとに約10名の市民協働マネージャーの参加を得て，各チームでワークショップが開催された。その結果，9月までにこれらのワークショップを通じて，12の戦略体系図が策定された。

　2014年度は，これらの12のパイロット事業のうち，協働型で政策評価を進めることによって3〜4年で大きな成果が期待できる6つの政策が選ばれ，本格導入が開始された。社会指標の設定も市民と議論され，これらの政策について，社会調査が実施された。その調査結果を用いて，市民協働のワークショップを行い，2015年度の6つの重要政策について戦略体系図を確定させた。それらの6つの政策の上位目的（最終アウトカム）と戦略目的（中間アウトカム）は**図表4-4**のとおりである。

| 図表4-4 | 協働型プログラム評価の対象となった重要政策 |

政策	上位目的（最終アウトカム）	戦略目的（中間アウトカム）
安全・安心のまち	災害による被害が少なくなる	地域の防災力が強くなる
健康長寿のまち	市民の健康寿命が延びる	健康づくりに取り組む人が増える
環境に優しいまち	環境に優しく，暮らしも豊かなまちになる	環境に価値を見出し，経済にプラスになる 環境行動を行う市民や企業が増える
おもてなし観光のまち	世界中から人が集まり，賑わい活気に溢れている	豊岡のブランド価値が向上する
交通の便利なまち	誰もが自由に移動でき，交流が拡大する	公共交通の利用者が増える
子育てに優しいまち	子育てに優しいまちになる	市民が子育てを楽しみ，親世代の育児が楽になる

出所：豊岡市作成資料を参照し，筆者が作成。

3-4 協働型プログラム評価の特徴

3-4-1 戦略レベルの政策にフォーカス

協働型プログラム評価の対象となる政策は，市長のコミットメントが要求されるテーマが戦略的に選ばれている。総合戦略の枠組みの中で係単位で行うような日常レベルの行政活動ではなく，市全体で取り組む戦略レベルの活動が対象とされているのである。これは，単にプログラム評価という手法を制度として導入するという考え方ではなく，地域の重要課題に，しっかりした結果を出すためにダイナミックな対応ができる戦略を選び，そこにプログラム評価を活用しようという発想をしているからである。戦略的に成果を出さなければならない政策にフォーカスすることでリソースを集中させ，確実に成果に結びつけることが重要と判断されている。

3-4-2 プロ職員の育成を重視した導入

NPG型ガバナンス体制を実現するためには，市民が積極的に議論できる場をデザインし，運営できるプロの職員を育成していく必要がある。庁内の協働促進役は，新しいプロジェクトに積極的に取り組める人材が選ばれた。戦略体系図の策定や，協働型ワークショップのファシリテーションは，理論を学んですぐにできるものではない。研修，ワークショップによる課題の抽出，研修による疑問の解決，ワークショップによる課題の抽出というサイクルを繰り返し行うことで，一歩ずつ理解を深めていくよう工夫されている。また，この研修プロセスは，新しい経営改革に一緒に取り組むチームづくりという側面が重視されている。追加の仕事に対する負担感よりも，新しい学びから生まれる楽しさが重要である。研修の後の懇親会や一泊二日の研修を行うことで，選出された「協働促進役」の連帯感が生まれている。

3-5 協働型プログラム評価の活用事例

「安心・安全のまち」の政策を取り上げ，協働型プログラム評価がNPG型の

第4章　地域協働実現のための新しいガバナンス体制の構築

ガバナンスの実現に向け，自治体の経営改革にどのように活用されるのかをみてみよう。この政策については，2013年に，防災課の2名の協働促進役と庁外の市民協働マネージャー10名でワークショップが行われている。市民協働マネージャーは，地域の区長，公民館主事，ＦＭ放送局DJ，小学校校長，消防団分団長，児童委員，防災士会事務局長，病院職員，警察警備係長，県防災課長と幅広い地域の防災に関係する市民であった。ワークショップ開始時は，既存の行政と市民の関係から行政への要望等もあったが，次第に一緒に戦略を考える対話が始まり，行政だけでは思いつかないアイデアが創出されている。ワークショップ後，完成した戦略体系図は，図表4-5のとおりである。上位目的，戦略目的，手段が2桁のもの（手段01）と，その2桁手段を達成するための4桁手段（手段0101）までがまとめられた。

2014年度に行われた社会調査では，18歳以上の豊岡市民3,000人を，小学校区ごとに階層別抽出によってサンプリングし，調査票を郵送して，1,362票の回答を得ている。「安心・安全のまち」については3つの質問がされた。すなわち，①住んでいる区で，災害時，災害を軽減するために「住民同士の助け合い行動」ができるかどうか，②区で開催される防災訓練に参加したことがあるかどうか，③消火器の設置等，災害に備えて実践しているかどうか，について

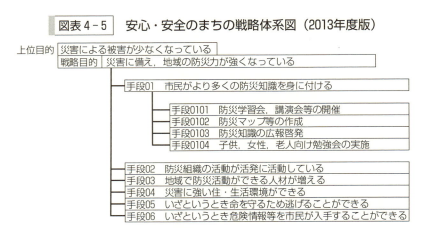

図表4-5　安心・安全のまちの戦略体系図（2013年度版）

出所：豊岡市作成資料を参照し，筆者が作成。

の確認の3つである。「助け合いの行動がとれる」と感じている市民は約50％であったが，今後この割合を向上させていくには現在の活動で十分かを議論することになる。このような調査結果に加え，自主火災組織の組織率，訓練の実施回数，防災マップの認識率等，多くの行政データが評価指標として活用されている。これらの評価指標を用いて，市民協働マネージャーと協働型ワークショップをした後，防災課が重要施策ヒアリングを通じて市長とも議論を行った結果できた2014年度版の戦略体系図を図表4-6に示した。

6つあった1桁手段が5つにまとめられ，内容も活動として意味のある，わかりやすい表現に変更された。また，4桁手段が活動の表現から，アウトカム

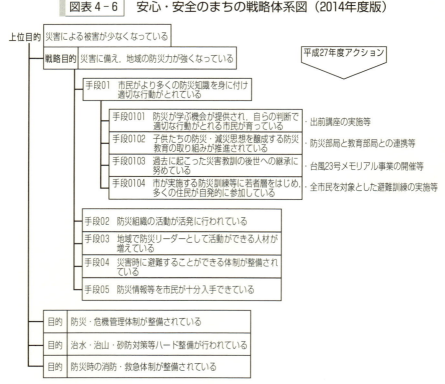

図表4-6 安心・安全のまちの戦略体系図（2014年度版）

出所：豊岡市平成27年度重要施策説明書資料を参照し，筆者が作成。

第4章　地域協働実現のための新しいガバナンス体制の構築

の表現に変更され，活動の選択肢が幅広いものにされた。例えば，図表4－5の4桁手段0102は，「防災マップ等の作成」という活動なのでこれ以上の展開はできないが，図表4－6の手段0102は，「子供たちの防災・減災思想を醸成する防災教育の取り組みが推進されている」とアウトカムの表現に変更され，平成27（2015）年度アクションとして，「防災部局と教育委員会との連携等」の活動が新たに展開されている。さらに，防災課だけでなく，市民協働マネージャーとの対話を通じて，防災課という組織を超えた「教育委員会との連携」が指摘され，事務事業評価では事業の対象とされない（予算化されない）連携活動のような活動が挙げられているのである。また，社会調査の結果，若者層の防災訓練不参加の傾向が発見されたので，この課題を認識するために「市が実施する防災訓練等に若者層をはじめ，多くの市民が自発的に参加している」という新たなアウトカムが手段0104に追加されている。このアウトカムを実現するアクションも加えられた。次年度は市民協働マネージャーに若者を加えることも検討すべき課題とされた。

　9月に行われた市長への重要政策ヒアリングは，この戦略体系図が活用されることになった。従来の重要政策ヒアリングでは，次年度の新規の事務事業予算の説明にとどまり，その事務事業に関連する政策全体でどのような事務事業を行い，どのような効果が実現できているのか報告する仕組みがなかった。政策の実現に既存の事務事業が機能しているのか十分評価もしないまま，新しい事務事業の予算要求が行われていた。予算を単位とした事務事業を評価するだけの発想では，事務事業ごとのメリットだけの説明で十分と考えてしまう。戦略体系図の策定によって，6つの重要政策については，政策の目的とそれを実現する手段を明確にして，その上で有効な事務事業を考えるという発想ができるようになる。

　上位目的が変更された政策もある。健康長寿のまちの上位目的は，「市民が健康であり続ける健康長寿社会を実現する」であった。しかし，社会調査のための指標を検討する中で，「市民の健康寿命が延びる」という測定可能でわかりやすい上位目的に変更されている。戦略目的が変更された政策もある。もて

75

なし観光のまちの戦略目的は,「宿泊者が増えている」であった。しかし,戦略目的の手段を検討する中,「豊岡のブランド価値が向上する」という宿泊者だけでなく,交流人口そのものを増やすという戦略目的に合ったものになった。

4 まとめ

　地域の多様なアクターと一緒に,企画段階からPDCAサイクルの全てにわたる行政の生産性向上,品質向上を実現する仕組みとして,「協働型プログラム評価」がどのように機能するかを明らかにした。政策の目的を明確にし,その目的達成のための手段を考え,次にそれらの手段を目的とし,それらの目的を達するための手段を考えていく。各階層の目的の達成度を測る指標を決め,それぞれの手段が有効に機能しているかを確認することで,政策の実現に向けたPCDAサイクルが回ることを「安心・安全のまち」の政策を通じて示した。民間企業においては,売上や利益の拡大という明確な目的に対して,それぞれの部門が目標と方策を決め,その目的の実現に向けた活動をしていくことを方針管理と呼んでいる。ゆりかごから墓場まで事業が混在し,多くの事業目的が存在する行政においては,数ある政策をそれぞれ戦略体系図として明確にすることにより,民間企業のように方針管理が可能になるのである。

　さらに,「協働型プログラム評価」は,評価結果に重点を置く従来の評価と違い,評価プロセス自体が利害関係者へ与える影響を重視した参加型の新しい評価方法である。日本の自治体の評価は,行政が行う内部評価の性格が強く,住民の参加はそれを補完する外部評価という要素が強いのが現状である[4]。しかし,ワークショップを通じた評価プロセスを重視することで,政策の効果的実施や評価結果の有効活用が進むだけでなく,そのプロセスを通じて,公民連携を推進できるプロの公務員や公共セクターで主体的な参加ができる住民の育成が期待できるのである。

第4章　地域協働実現のための新しいガバナンス体制の構築

〈注〉

1　全国の都道府県，市区町村の行政評価導入率は，2004年18.1％だったものが，2010年には54.4％までかなりのスピードで普及して来ている。都道府県レベルでは98％，市レベルでも78％まで広がっている（総務省（2010））。

2　利害関係者とは，政策に関心を持ち，政策に影響を与える，または政策から影響を受ける団体に属する市民，または個人を意味している。本章で扱っている「アクター」は，利害関係者の中でも，政策に積極的に参加したいと考えている市民を指している。

3　明治大学ガバナンス研究科の北大路信郷教授，源由理子教授，米原あき助教から，豊岡市における協働型プログラム評価の導入指導を得ている。

4　林（2005）は，既存の内部業績評価システムを前提として，評価の全プロセスに住民の評価を入れることを提案している。

〈参考文献〉

Denhardt, J. V. and Denhardt, R. B. (2003) *The New Public Service:Serving, not Steering*, M. E. Sharpe.

Hood, Christopher (1991) "A Public Management for All Seasons?," *Public Administration*, v.69, spring, 3-10.

Mclaughlin, K., Osborne, S. and Chew, C. (2009) "Relationship marketing, relational capital and the future of marketing in public service organization," in *Public Money and Management*, 29(1):35-42.

Osborne, Stephen P.(ed)(2010) *The New Public Goverance?:Emerging perspectives on the Theory and Practice of Public Governance*, Routledge.

Stewart, John (1996) A DOGMA OF OUR TIME - THE SEPARATION OF POLICY-MAKING AND IMPLEMENTATION, *Public Money and Management*, (July/September 1996), 33-40.

Weiss, Carol H. (1998) *Evaluation*, second edition, New Jersey: Prentice Hall.

上山信一・伊関友伸（2003）『自治体再生戦略—行政評価と経営改革』日本評論社。

大住荘四郎（2005a）『NPMによる経営革新』学陽書房。

大住荘四郎（2005b）「New Public Management：自治体における戦略マネジメント」財務省財務総合政策研究所『ファイナンシャル・レビュー』May-2005。

総務省（2010）地方公共団体における行政評価の取組状況http://www.soumu.go.jp/iken/main.html（掲載年月日：2011年3月16日）。

田尾雅夫（2010）『公共経営論』木鐸社。

田中啓（2014）『自治体評価の戦略—有効に機能させるための16の原則』東洋経済新報社。

内閣府（2010）「新しい公共」宣言http://www5.cao.go.jp/npc/pdf/declaration-nihongo.pdf（掲載年月日：2010年6月4日）。

林健一（2005）「新たな内部行政評価システムのあり方についての検討—参加型評価の確立に向けて—」高崎経済大学地域政策学会『地域政策研究』第7巻第3号，pp.17-31。

広島大学行政評価研究会（2007）『行政評価の「メタ評価」に関する基礎研究報告書—政令指定都市以外の全国都市アンケート調査』（2006年10月調査）。

古川俊一・北大路信郷（2001）『公共部門評価の理論と実際』日本加除出版。

真野毅（2015）「プログラム評価による自治体戦略の協働マネジメント—豊岡市における新しいガバナンス体制の試み」『日本評価研究』第15巻第1号，pp.69-81。

源由理子（2008）「参加型評価の理解と実践」三好皓一編『評価論を学ぶ人のために』世界思想社，pp.95-112。

源由理子（2011）「地域社会における行政と住民の共同による評価—評価プロセスの活用（Process Use）の観点から—」日本評価学会『日本評価研究』第11巻第1号，pp.61-74。

源由理子（2014）「地域ガバナンスにおける協働型プログラム評価の試み」『評価クォータリー』（30），pp.2-17。

山谷清志（2006）『政策評価の実践とその課題—アカウンタビリティのジレンマ』萌書房。

山谷清志（2009）「公共部門における評価—政策評価とＮＰＭ型業績測定—」日本評価学会『日本評価研究』第9巻第3号，pp.3-16。

山谷清志（2012）『政策評価』ミネルヴァ書房。

山村和宏（2010）「自治体行政評価システムの運用実態と課題」『創造都市研究』第6巻第1号（通巻8号），pp.19-42。

第5章

民間副市長による
地域協働の推進

1　協働による行政職員の意識改革

　協働を通じた行政職員の意識変容に関する研究は，行政とNPO（Nonprofit Organization：非営利組織）の協働に関するものが多い。これは市場の失敗と政府の失敗により，行政との協働の牽引役としてNPOへの期待が膨らんだこと，またその期待に反して，行政とNPOの協働が形だけのものに終わっているケースが多いことが背景にある。これについては，行政職員のNPOに対する理解の欠如が，NPOの活躍が十分でない原因であることが指摘されている（内閣府国民生活局　2007）。他方，大室は，①行政とNPOのマネジメントの違い，②行政が自らのシステムを変化させないこと，③NPOと行政の間を調整する人が存在していないこと等，行政とNPOの意識の格差の存在が，「NPOの失敗」の原因であると指摘している（大室　2012）。また，行政職員のNPOとの協働に対する意識特性を調査によって定量的に明らかにし，職員の協働意識を啓発することを提案する研究もある（小田切・新川　2007）。都道府県レベルの自治体においてNPOと協働を体験した職員に対して，M-GTA（Modified Grounded Theory Approach：修正版グラウンディド・セオリー・アプローチ）[1]を活用した質的調査を行い，行政職員のNPOへの理解がNPOとの協働を

通じて深まっていくプロセスを明らかにした研究もある（小田切　2009）。本章では，行政職員が民間企業人と協働を実践することにより，民間組織の経営の基本的な発想，行動様式や文化を習得するプロセスを明らかにする。

　特に，本章においては，豊岡市役所に採用された民間企業出身の副市長と，若手の民間企業社員が担うよそ者の役割に注目している。これには，よそ者が地域に入ることにより，その地域経済を担う内集団の人々の意識が変容するプロセスに焦点を当てた研究がとりわけ参考になる（柴山・丹下　2010）。この研究では，アルフレッド・シュッツ（Schütz, Alfred）の"The Stranger"（1964）を手掛かりにしている。シュッツによれば，よそ者[2]のまなざしが内組織の人々の意識の変容をもたらすが，よそ者は，内集団の人々の日常的なものの見方，価値観，行動様式などを律している暗黙のルールは使いこなせないことから，新たな知識の内集団への普及は内集団の人々によってのみ行われることを理論的に明らかにしている。さらに，柴山・丹下（2010）は，多様性の価値を説いた"The Difference"（Page, Scott E. 2007）を参照して，よそ者のまなざしが内集団の価値観に揺らぎを与え，内集団における多様な経験・知識が新たな文脈のなかで解き放たれることが，地域産業再生の可能性を開くと結論づけている。

　豊岡市においては，前章で紹介した「協働型プログラム評価」だけでなく，

図表5-1　環境経済部における地域協働の推進

西暦	2008	2009	2010	2011	2012	2013	2014	2015
	← 事務事業評価 →				← 協働型プログラム評価 →			
		副市長就任		ワークショップ		アンケート調査		
東京アンテナショップ事業経過		▼	検討	事業開始		▼		
アンテナショップ売上			2000万		2700万	3700万	4000万	
城崎温泉インバウンド事業経過		城崎温泉	インバウンド対策		佐藤着任	WTM参加		
外国人宿泊数					4500	9500	13000	25000

出所：筆者作成。

80

第 5 章　民間副市長による地域協働の推進

民間出身の副市長が中心となり，民間企業との協働が進められた。それに伴い，職員の意識は着実に変容してきている。本章では，この副市長が推進した民間人[3]との協働による新規事業の2つの事例を取り上げ，**図表5-1**の事業経過に従い考察する。最後に，このような協働による職員の意識の変容プロセスをM-GTAを活用して分析を行い，地域協働の中心的存在である地方自治体におけるよそ者の役割を明らかにする。

2　事例1：豊岡市の東京アンテナショップ事業

2-1　市場調査

　2010年の年末に，市長から副市長に，東京のアンテナショップの空き物件を早急に検討するよう指示が出た。JR有楽町駅前，自治体のアンテナショップが集まる東京交通会館の1階の7.5坪の店舗スペースである。有楽町は，8路線が利用可能な好立地であるだけに，賃貸料が年間660万円もかかり，店舗改装の資金も考えると，3年の契約期間で利益を出すのはそう簡単ではない。東京の自治体アンテナショップを調査したところ，市のショップではなく，ほとんどが道県レベルのショップであり，採算が出ているところは少ないのがわかった。特に，地方自治体自らが運営をしているアンテナショップは，地域の特産品を公平に並べた店舗となっており，魅力のない店舗が多い。集客力がなければ，宣伝広告塔としてのアンテナショップの存在意義はない。民間企業に運営を委託すべきと判断し，公募による委託条件の検討に入った。地元で小売り店舗を持つ数社に公募に参加するよう声をかけ，流通業経験者に公募の委員になってもらうと同時に，東京のアンテナショップ事業を理解しているマーケティング会社に，公募プロセスからアンテナショップ開店までの支援に入ってもらうことに決定した。東京交通会館のなかの店舗は需要が高く，早い意思決定が要求された。2012年の3月中旬には，アンテナショップ運営事業者の募集要項を策定した。物件が提示されてから3か月で議会の承認ももらい，新規事

81

業立ち上げのための事業スキームを構築したというのは行政組織としては異例の速さであった。

2-2　募集要項（事業スキームの構築）

　市場調査を通じて，アンテナショップの目的を，①豊岡市のブランド価値向上，②地元製品の開発・販売を通じた地域経済の活性化と③豊岡市への誘客促進であることを明確にした。その上で，出展コンセプトとしてコウノトリの野生復帰活動を通じ，世界的な評価を受ける豊岡市のブランド価値の向上をショップの考え方をまとめた。この出展コンセプトを踏まえた，店舗の名称，内装イメージ，取扱商品の提案を求めた。民間企業に経営を任せるとしても，豊岡市のアンテナショップとして，豊岡らしさをアピールできるものにしなければならなかったからである。

　豊岡市が初期投資の内装設計工事費（300万円上限）と物件の賃貸料（年間660万円）を負担し，運営事業者は開設・運営に必要となる全ての物品と運営コストを負担することという事業スキームとした。豊岡市は，豊岡ブランドをこの店舗を通じて，有楽町駅前に来る顧客にアピールすることができる。豊岡の看板を1年間この地域に設置しても同じくらいのコストはかかると試算できた。そのためには豊岡市が費用を負担することで，運営事業者の損益分岐点を落とすことができ，運営事業者にとって魅力的な物件とすることができる。ただ，もし多額の利益が出た場合は，売上の一部を営業料として支払うこととした。豊岡市は，豊岡ブランド構築のための費用の範囲でリスクを定額に抑えるだけでなく，運営事業者の成功に協力することで，そのリターンの一部は回収できるという事業スキームである。単なる事業費削減のための協働事業ではなく，事業の目的を明確にし，協働事業の成功のために，お互いの役割を明確にすることが重要視された。

　この公募では，6社から提案を受け，最終地元の日和山観光が選ばれた。アンテナショップに関する提案内容だけでなく，豊岡市を東京で売り込みたいという熱意と経営の安定度が決めてとなった。ただ，但馬地域における道の駅の

経営には参入していたが，東京での店舗販売の実績はまだなかった。

2-3　協働の課題の克服

　初めての豊岡市の東京アンテナショップということで，多くの豊岡市出身者や豊岡からの出張者がアンテナショップを訪問し，応援してくれることになった。しかし，毎日の乗降客16万人，月曜日から金曜日にサラリーマンとOLが闊歩する有楽町では，但馬の道の駅とは客層が違い，売れる商品が違っていた。創業当初，商品ラインアップは，地域のお土産屋のイメージで，アンテナショップとしての情報発信性も十分ではない。さらに，わざわざ訪問してくれた豊岡関係者からも，クレームが続出した。期待した地元商品が少なく，豊岡市以外の商品が扱われていることが多かった。

　実際，販売開始した7月のご祝儀売上を超えるのに，1年間を要することになった。当初売上が伸びず，マーケティング会社から様々な改善策を提案してもらうことになった。「にぎやかさ」の創出，POPの改善，都心に合ったお試しサイズ商品の開発，特に女性が試しやすいサイズや種類の商品の提案，週1回行ってみたくなる仕掛け等の改善策を職員が運営事業者と議論した。さらに，

図表5-2　豊岡市のアンテナショップ

出所：豊岡市役所提供。

酒税販売免許や加工食品販売許可も当初予定より遅延した。職員も市として免許取得を縮めることができないか一緒に検討した。しかし，このような課題は，予算を執行すればそれで仕事は終わりとする風土に親しんできた行政職員には，良いトレーニングの場になった。予算の段階ではわからないことがたくさんある。実際にオペレーションが動き出したら，実績を見ながら修正をかけていく必要がある。職員は仕事の実践を通じて，予算の執行で終了ではなく，事業の成果を追求する意味を体得するのである。

　豊岡市で実践されている多くの協働事業は，いったん事業を任せたら，任せっきりで，契約期間終了前に公募で入札をすることを通じて評価するだけにとどまっている。このアンテナショップ事業は，オペレーションを通じても協働が必要であった。アンテナショップにおける祭事の開催，新商品開発，メディア対応等の支援に行政職員が入った。また，運営事業者との経営会議を定期的に開き，課題を共有し，双方で協力して改善を行った。さらに，議会にも業績報告を定期的に行うことで，豊岡市の責任を公の場で明確にしてきた。このようなパートナーシップの在り方は，民間企業で事業提携を担当して来た副市長にとっては当然であった。副市長が率先して，運営事業者の社長と課題解決のための打ち合わせを行った。職員自らがこのような協働事業を体験することで，協働が何を意味するのかを会得することが可能になるのである。「豊岡市が行うべき事業をパートナーとして運営委託業者に御願いしている」という協働の基本的考えが生まれてきているのである。

　アンテナショップの最大の課題は，売上高（利益）の追求と地元産品振興の両立が難しいところであった。豊岡市においても，アンテナショップで地元以外の商品を扱っていることに対して，市民や議会からクレームが出た。しかし，豊岡市の中だけでは品ぞろえができないこと，青果等の新鮮な商品は在庫リスクがあること，地元商品だけでは利益率が低い商品も多く利益の確保は難しいこと等という課題があった。これらの課題に対して，運営事業者は，お試し買い商品，週末限定商品や季節商品の開発により，買いやすさや旬の味わいを創出すると同時に在庫リスクを減少させる等の対応をした。豊岡市の側では，ア

第5章　民間副市長による地域協働の推進

ンテナショップの持続的な経営を守るには，豊岡ブランド価値を向上させることのできる商品であれば，地元以外の商品も扱っても良いという基準を決め，市民や議会に理解を求めた。公民連携を成功に結びつけるには，公平性とか地元振興とかという行政の立場と，事業継続性のための利益の確保という民間経営の立場を，一方的に主張するだけでなく，お互いに課題を共有して，双方で解決策を考えていくことが必要なのである。

　結果として，初年度2000万円，2年目2700万円，3年目3700万円，4年目4000万円と年単位での売上は，順調に伸び，3年目は利益を計上することができている。また，首都圏におけるふるさと組織の行事に出店する機会も得て，ふるさと応援団ができ，さらに多くのマスコミにも取り上げられ，首都圏における豊岡市の知名度も上昇しているのである。

3　事例2：城崎温泉のインバウンド事業

3-1　城崎温泉：インバウンド事業への挑戦

　城崎温泉は，JR城崎温泉駅が玄関，温泉街に並ぶ木造3階建ての旅館がお部屋，7つの外湯が温泉で，「外湯巡り」を楽しむのが伝統である。お客様を1つのホテルに囲い込むのではなくて，浴衣で下駄を履いて，そぞろ歩きをしながら，外でショッピングや遊戯や食事を楽しむことができる温泉街である。11月から3月の松葉ガニのシーズンと夏休みが書き入れ時で，その期間に1年分の利益を出すというビジネスモデルを続けてきた。そんななか，城崎温泉の観光客はじわじわ減少。日本の人口は2008年をピークに頭打ちとなり，今後どんどんマーケットは縮小していく。今のままでは衰退するのは自明だった。世界市場の中で，海外へ旅行する人は確実に増えている。米国で駐在経験のある副市長は，外国人観光客に的を絞れば伸びるのは間違いないと考えた。

　外国人観光客の入込数がすでに18万人を超えていた飛騨高山を視察した。JR高山駅の前には，外国人インフォメーションセンターが設置されており，

85 •

図表5-3　城崎温泉の街並み

出所：豊岡市役所提供。

外国人観光客のための多言語対応ができるバス路線も整備されていた。ただ、インターネットによる情報発信や多言語のパンフレットづくりを主な取り組みとしており、特別難しい対応をしているようには思えなかった。地道な努力が実績に結びついているのである。城崎温泉を中心とする但馬地域だったら、飛騨高山の魅力に負けることはないと考えた。

そこで、豊岡市が費用負担することを条件に、城崎温泉の観光協会に依頼して、英語で対応できるインフォメーションセンターを城崎温泉駅前に作ってもらった。このインフォメーションセンターで実施したアンケート調査から、35％の外国人がロンリープラネットという旅行ガイドを見て城崎を知ったこと、そして、次に多いのはインターネットで知ったということがはっきりした。城崎温泉の旅館組合から要請を受け、豊岡市が費用を負担して、海外向け英語の旅館予約サイトをリニューアルし、英文パンフレットや看板も整備した。このような民間との協働の結果、2013年にはフランス最大の旅行ガイドブック、ミシュラン・グリーンガイドでも2つ星が取れた。

3-2　海外市場への拡販

　インバウンド事業を推進するには，英語ができビジネスがわかる人材が必要だった。豊岡市役所には，インバウンド事業を推進できる人材はいなかった。木造3階建ての小さな旅館が中心の城崎温泉でも，海外に売り込みに行ける人材は限られていた。2011年11月に，大阪でのある懇親会で，公用語は英語としている楽天トラベルに豊岡市役所への人材の派遣を打診したところ，検討を約束してくれた。12月に楽天本社を訪問し，正式依頼をしたところ，快諾を得ることができた。地域の旅行産業の実態を把握したいという楽天トラベルのニーズとマッチしたこともあるが，こちらの熱意が伝わり，異例の速さで決済された。

　2012年4月にやっと待望のインバウンド事業推進要員が確保できた。当時26歳の佐藤暢祐氏（楽天トラベル社員）は，新たな提案を次々としてきた。その一つが，ロンドンで開催される世界最大の旅行見本市，ワールド・トラベル・マーケット（世界旅行見本市，WTM）への参加であった。インバウンドを強化している城崎温泉の旅館からも，2人の強力な人材が参加してくれた。一人は城崎で一番大きな旅館に就職したアメリカ人，そしてもう一人は英国で日本レストランを開業した経験を持つ旅館のトップであった。WTMへの参加により，世界のなかの豊岡市のインバウンド事業の位置づけが明確となった。日本のブースが他の国に比べて圧倒的に小さく，世界旅行という市場では日本は後発国とあるということである。日本は人口3000万人のマレーシアよりも小さい「小屋」のような場所で，細々とPRをしている。そして，日本のブースには，豊岡市以外は，東京，京都，大阪，沖縄の4地域が出展しているだけであった。他の地方自治体との競争が少ないことは，ヨーロッパからの個人客を狙っている城崎温泉にとってはチャンスであった。京都や大阪の先進地の担当者と情報交換できる最高の機会でもあった。さらに，ロンドンにあるJNTO（政府観光局）のマーケティング担当者とは懇意になり，京都や大阪止まりであったジャーナリストや旅行エージェントを城崎温泉に送ってくれることになった。

しかし，全国には地方自治体が1,700以上ある。なぜ，人口10万人にも満たない小さな豊岡市が，東京，京都や大阪と肩を並べて出展できたのか。よそ者・若者・馬鹿者である佐藤だったから，豊岡市役所や城崎温泉を巻き込み，そのような無謀にさえ見える提案をできたのであろう。また，リスクを恐れずチャレンジする組織であったからこそ，彼の提案が認められたのである。実際に，佐藤は，前例踏襲の公務員文化の中でも，職場の中に新しい風を吹き込んでいた。今までの職場の仕事のやり方に，「なぜ」と疑問をはさみ，楽天では「こうしている」と説明を加えるのだ。会議に緊張感が生まれ，やるべきことが明確になっていく。多少改善があったとしても，昨年と同じ事業を漫然と繰り返ししているだけでは，駄目だということに気づいていくのである。

　佐藤が入った環境経済部には，他の企業からもう一人研修に来ていた。アグレッシブな佐藤に対して，温和な性格。そんな彼も，佐藤がいうことに民間企業なら当然と賛同した。日常の仕事を通じて，行政の当たり前が民間企業と違うことが明確になる。

3-3　城崎温泉との関係性の変化

　城崎温泉における2011年までの外国人の宿泊数は約1,000人から2,000人。その規模の人数であれば，観光業界に属する人にとってはたいした数ではない。その小さな市場，外国人旅行者のために何かをしようとは思わない。しかし，外国人宿泊数は確実に増加した。2012年には4,500人，2013年が9,500人，2014年に1万3,000人と増え，2015年は9か月ですでに2万人を超えた。2015年の2万3,000人の目標は，ほぼ確実に達成できる見込みだ。そして，そのうち，欧米系の外国人訪問比率は38％，日本全体の13％と比較して，25％も高い。

　このような宿泊数を集計できるのは，城崎温泉の強みであるが，最初は，宿泊数のデータを出し渋る旅館もあった。市役所は，口を出すな，金だけ出してくれればいいという関係だった。しかし，城崎温泉では珍しかった外国人がそぞろ歩きをするのが当たり前の光景となり，いろんなメディアに城崎温泉のインバウンド事業が成功例として取り上げられてくると，そんな旅館との関係も

変わってきた。先行して成果が出た旅館は，どんどん積極的になる。そういう旅館の存在が周知されると，他の旅館も追随するようになってきた。目標を達成していく豊岡市には，国からも多くの交付金が得られるのである。市役所は，旅館のインバウンド事業相談もできる頼もしい存在になってくれば，自然に対等に議論できる関係になっていくのである。

4 協働による行政職員の意識変容

4-1 面接調査による行政職員の意識変容プロセスの分析

2013年に職員全員に行ったアンケート調査[4]で，副市長の担当部門である環境経済部は，他の部門と比較して「リスクを恐れず新しいことにチャレンジする傾向がある」とともに，職員が「職場での意見が上層部に十分伝わっていると感じている」という結果が出た。そこで，環境経済部の行政職員に面接調査を行い，民間人との協働を通じて，行政職員の意識が変容していくプロセスを分析した。延2年以上環境経済部に在籍し，現在も同じ部に在籍する豊岡市職員を対象とし，面接調査によって10名の職員のデータを収集した。M-GTAを活用して，面接記録したデータから15の概念を生成できた。

15の概念は，6つのカテゴリーとして抽出され，またその関係性から3つのカテゴリーグループに収束した（**図表5-4**）。概念名は ｛ ｝，カテゴリー名は [ ]，カテゴリーグループ名は《 》と示し，それぞれのモデル化された職員意識の変容を整理する。

4-1-1 職員の意識の変化

全ての調査協力者が，ここ数年で大きな《職員の意識の変化》が環境経済部の職員に起こっていることを感じていた。彼らがこの変化を語る時，彼らが感じている公務員の潜在意識について説明してくれた。この潜在意識を，｛前例踏襲主義｝，｛上意下達｝，｛縦割り行政｝という3つの概念とし，これらの概念

89

図表5-4	生成された概念・カテゴリー・カテゴリーグループ	
カテゴリーグループ	カテゴリー	概念
職員の意識の変化	公務員のDNA	前例踏襲主義 上意下達 縦割り行政
内部組織の変化	挑戦への後押し	民間視点を持つトップへの安心感 上司による挑戦への支援 組織の風通しのよさ
外部との協働の効果	職場での体験 （よそ者効果）	よそ者のカマス効果 切磋琢磨による学習意欲の向上
	現場での体験 （パートナー効果）	協働相手からの期待の高まり 外部との協働による新たな関係性の構築
	場ので学び	知識や能力の習得
	仕事の喜び （上記の場での共通項）	目的・目標の共有化 協働ネットワークの広がり 思いを共有できる仲間と仕事をする喜び 成果の見える化

出所：筆者作成。

をまとめて，［公務員のDNA］というカテゴリーとした。｜前例踏襲主義｜，｜上意下達｜，｜縦割り行政｜という概念は，現在の市役所の多くの部門の職員が持っている公務員の行動様式であり，環境経済部の職員も慣れ親しんできた共通の行動様式でもある。したがって，環境経済部の職員が「リスクを恐れず新しいことにチャレンジする傾向がある」に変化してきたとしても，彼らの周りにはこれらの変化に抵抗する人物や組織が存在する。「外の（部門）から入ってきた人は，悪気はなくても縦割りだとか，うちの部と違う仕事のやり方をするし，元々我々もそういうDNAが染みついているので，（結局）元に戻っちゃうことがあるんですよね」という｜縦割り行政｜の概念の元となった具体例からヒントを得て，深く職員の潜在意識に潜んでいる［公務員のDNA］をカテゴリーとして抽出した。

第5章　民間副市長による地域協働の推進

4-1-2　内部組織の変化

《内部組織の変化》は，《職員の意識の変化》と相互に影響し合うカテゴリーグループである。職員は，┤風通しの良い組織├　の中で，┤民間視点を持つトップへの安心感├　を持ち，┤上司による挑戦への支援├　を受けている。「やっぱり正直上司だと思う。どんどんやっていこうという人物が揃っていた」とか，「提案したり，意見を言ったりしたら，じゃ，ちょっとやってみろ，とそういう土壌ができている」という具体例等より，［挑戦への後押し］というカテゴリーを抽出した。ただ，［公務員のDNA］は，この［挑戦への後押し］をする組織に対して抵抗するカテゴリーとなる。

4-1-3　外部との協働の効果

《外部との協働の効果》は，《職員の意識の変化》を推進するカテゴリーグループである。職員の意識改革に最も影響を及ぼしているのは，環境経済部に派遣された若手民間企業人という答えが多かった。「新しい人達に引っ張られるように変わってきた。会議のやり方とか，数字の取り方だとか。目標を定めて，何の為に事業をやっているかということなどをいままでは甘く考えていたと思う」という具体例等から，┤よそ者のカマス効果[5]├　という概念を生成した。また，よそ者は，内集団にいる職員では考え付かなくなっている課題に対して，解決策の糸口を提供していくだけでなく，┤切磋琢磨による学習意欲├　を職員にもたらしている。この　┤よそ者のカマス効果├　と　┤切磋琢磨による学習意欲の向上├　から［職場での体験（よそ者効果）］というカテゴリーを抽出した。

さらに，よそ者との仕事を通じて，職場で┤目的・目標の共有化├　が促進され，┤成果の見える化├　により達成の喜びを経験し，┤仲間と仕事をする喜び├　が生まれ，┤協働ネットワークの広がり├　につながっている。今までの上意下達で，前例踏襲の仕事を正確にするという仕事の仕方では得られなかった［仕事の喜び］というカテゴリーが抽出できた。そして，この［仕事の喜び］は，よそ者効果だけでなく，外部のパートナーとの協働や地域のアクターと一緒に行う協働型プログラム評価等を通じても経験していることも明らかになった。

外部のパートナーと行う協働では，|協働相手からの期待の高まり| が職員のモチベーションによい影響を与え，パートナーとのネットワークを活用した|新たな関係性の構築| に結びついていることも明らかになった。これらの2つの概念を，[現場での体験（パートナー効果)] というカテゴリーとした。《外部との協働の効果》のカテゴリーグループに，協働型プログラム評価でのワークショップ研修など様々な研修の場を通じておこる [場での学び] というカテゴリーを最後に抽出した。これは，協働型プログラム評価等の研修においては，前述した [仕事の喜び] に加え，ファシリテーションやロジックモデル等の |知識や能力の習得| を通じて，協働を推進するのに役立っているというデータから抽出した。

5　まとめ

　協働の推進を制度化するため，「協働の職員行動指針」のようなマニュアルを作り，協働を推進していく地方自治体は多い（小田切　2014, pp. 4 -11)。小田切（2009）は，「形式的な知識によるNPO理解は進んでいるものの，実際の経験からのみ得られる暗黙知による理解は容易に浸透しないため，本質を理解していない」と結論づけている。民間企業人のよそ者効果，協働型プログラム評価を通じた学びの効果，外部との協働を通じたパートナー効果，これらの協働のプロセスに共通するのは，形式化できる知識移転だけではなく，[仕事の喜び] を通じて，形式化された知識の背後にある暗黙的な見方，価値観，行動様式等の知識の移転が行われていることである。暗黙的な見方，価値観，行動様式等の知識の移転が進むから，新しく習得した知識を活用して，さらに |協働ネットワークの広がり| が可能になるのである。

　この知識の移転が可能にしているのが，[挑戦への後押し] ができる環境経済部の存在である。地方自治体は，市場からは閉ざされた組織であり，民間企業から有能な人材が入っても，彼らを活かす土壌ができていない場合が多い。民間企業で働いた経験を持つ環境経済部の職員は，情報通信や金融での経験や，

製造，営業等，公務員では体験できない多様な経験を持っている。さらに，上意下達が中心であった経済部に，ボトムアップで提案をしてきた地域戦略推進課が統合され，組織の風通しがよくなっていた。多様な経験を持つ職員がいる風通しのいい組織だからこそ，よそ者を内部に受け入れ，外部との協働を推進する土壌が醸成される。環境経済部の職員は，内部組織に入ったよそ者から，民間企業のマネジメントの背後にある暗黙的な見方，価値観，行動様式等を学んでいく。目的・成果志向，対話と協働，住民視点への転換を，単なる形式的な理解ではなく，現場の文脈のなかで体感していくのである。

　柴山・丹下（2010）は，よそ者のまなざしが内集団の価値観に揺らぎを与え，内集団における多様な経験・知識が新たな文脈のなかで解き放たれることが，地域産業再生の可能性を開くと結論づけた。地方自治体において，よそ者は，内集団が協働を受け入れられる土壌づくりを行い，さらに，新たな協働に向かわせることで，行政職員に多様な視点，経験則，解釈，予測モデルを持たせる。この多様性を推進し，多様性が創出する価値を活かすことが，「新しい公共」時代の戦略となるであろう。

〈注〉

1　GTA（グラウンディド・セオリー・アプローチ）とは，質的データを用いて，データに密着した分析から，事象の概念化をしていく質的研究法であり，1960年代に米国の社会学者であるグレーザー（Glaser）とストラウス（Strauss）により提唱されたものである。M-GTAは，質的データの分析と深い解釈を同時に行いながら，そこから説明力のある概念が生成できるよう，このGTAに木下が修正を加えた分析方法である（木下　2003）。

2　シュッツは，移民のように異なった「集団生活の文化の型」で育った人をよそ者と定義している。この研究では，限られた期間，民間企業から豊岡市役所に入った若手企業人（1〜3年）と副市長（二期8年）を指している。

3　民間人とは，公の機関に属さない人全てを示している。

4　豊岡市が㈱エルネットに委託した"新しい職場文化"づくりに向けた「職員の意識調査」のアンケート調査の結果。2013年7月31日から8月9日にかけて全職員（約900名）を対象に実施され，665人が回答している。

5　カマスのいる水槽にエサを入れ，真ん中をガラス板で仕切ると，頭が尖ったカマスはガ

ラス板に頭をぶつけ，痛いので，ガラス板を除いても，ガラス板の向こうのエサを取らなくなる。ガラス板の向こうのエサを取るようにさせるには，苦い経験のない新しいカマスを一匹いれれば解決する。この新しいカマスの効果をよそ者のカマス効果とした。

〈参考文献〉

Denhardt, J. V. and Denhardt, R. B.（2003）*The New Public Service: Serving, not Steering*, M. E. Sharpe.

Osborne, David and Gaebler, Ted（1992）*Banishing Government*, Addison-Wesley Publ. Co.（高地高司訳，野村隆監修『行政革命』日本能率協会マネジメントセンター，1995年）.

Page, Scott E.（2007）*The Difference*, Princeton University Press（水谷淳訳『「多様な意見」はなぜ正しいのか』日経BP社，2009年）.

Schütz, Alfred（1964）*Collected Paper II :Studies in Social Theory*, edited and introduced by Arvid Brodersen （*Phaenomenologica* 15）, Martinus Nijoff, The Hague（桜井厚訳『現象学的社会学の応用』御茶ノ水書房，1980年）.

石塚浩（2005）「知識移転を妨げる要因への対応」文教大学情報学科『情報研究』第33号，pp.23-34。

上山信一・井関友伸（2003）『自治体再生戦略―行政評価と経営革新』日本評論社。

太田原準（2012）「トヨタ生産方式の他業種への波及：地方自治体を中心に」『自動車技術』Vol.66, No.6, pp.99-102。

大室悦賀（2012）「新しい公共とソーシャル・イノベーション」『地方自治体職員研修』臨増99号，pp.39-58。

木下康仁（2003）『グラウンデッド・セオリー・アプローチ―質的研究への誘い』弘文堂。

木下康仁編著（2005）『分野別実践編　グラウンデッド・セオリー・アプローチ』弘文堂。

小田切康彦（2009）「行政職員におけるNPO理解のプロセス―協働経験者への面接調査による質的研究―」『The Nonprofit Review』Vol.9, Nos.1&2, pp.15-26。

小田切康彦（2014）『行政―市民間協働の効用　実証的接近』法律文化社。

小田切康彦・新川達郎（2007）「NPOとの協働における自治体職員の意識に関する研究」『同志社政策科学研究』Vol.9, No.2, pp.91-102。

柴山清彦・丹下英明（2010）「イノベーションを促す『ストレンジャー』の視点」『日本政策金融公庫論集』第8号，pp.53-73。

田尾雅夫（2010）『公共経営論』木鐸社。

谷本寛治編（2006）『ソーシャル・エンタープライズ―社会的企業の台頭―』中央経済社。

内閣府国民生活局（2007）「平成18年度市民活動団体基本調査報告書」内閣府国民生活局。

西野勝明（2010）「地域マネジメントを担う自治体のマネジメント・システム」『国際文化研修』Vol.69, pp.39-46。

野中郁次郎・紺野登（2012）『知識創造経営のプリンシパル―賢慮資本主義の実践論―』東洋経済新報社。

広島大学行政評価研究会（2007）「行政評価の『メタ評価』に関する基礎研究報告書―政令指定都市以外の全国都市アンケート調査」（2006年10月調査）。

古川俊一・北大路信郷（2006）『公共部門評価の理論と実際』日本加除出版。

古川俊一（2005）「評価の政策形成と経営への活用と課題―基本へ還れ―」『研究紀要』第8号, pp.13-24。

ポランニー, マイケル（2003）高橋勇夫訳『暗黙知の次元』筑摩書房。

源由理子（2014）「地域ガバナンスにおける協働型プログラム評価の試み」『評価クォータリー』（30）, pp.2-17。

第 6 章

地域密着志向の事業型NPOの協働戦略

1　NPO法人あおぞらポコレーションの概要

　本章では，地域密着志向の事業型NPOの協働戦略について分析する。とりわけ地域に埋もれた固有の資産や資源を活かしながら，地域の様々なアクターと協働することで新しい製品・サービスを提供している事業型NPOを対象にする。特にこうした事業型NPOが，新しい製品・サービスの開発をどのように行い，さらに製造や販売も手掛けるようになったかをスケールアップ（縦展開）という視点から論じることにする。すなわち，事業型NPOが企業や行政や市民とどのような協働関係をつくり上げながらスケールアップを進めてきたか，そしてそのスケールアップを目指す協働が地域の活性化にどのようなインパクトを与えたかについて論じることにしたい。

　ケースとして選択した事業型NPOは，第一に新潟地方の杉の端材を使ったリネンウォーター「熊と森の水」などの商品開発や製造や販売を行っているNPO法人あおぞら（新潟市）である。震災を契機に大企業の下請業務の限界を感じたNPO法人あおぞらの代表が，自主製品の商品化を手掛け，オーガニックコスメで有名な㈱クレコスやデザインを担当するヒッコリースリートラベラーズなどとの協働をもとに自立した事業型NPOへと脱皮し，スペシャルミッ

97

クスという障害者ブランドを立ち上げている事例である。

　第二は，福岡県で障害のある人が制作した芸術作品（エイブルアート）を INORIブランド，Marugocociブランドとして商品化したNPO法人まるである。また2015年にはダイスプロジェクト，ドネルモ，ブリックハウスとともに㈱ふくしごとを共同で立ち上げている。㈱ふくしごとは，障害のある人たちと社会との心地よい循環をつくる事業のための組織である。㈱ふくしごとは，異分野の協働による新しい事業体の創造，障害者の創造的仕事のサポート，福祉施設の営業や流通を担う，という3点から2015年度Good Job Awardに入賞している。

　NPO法人あおぞらとNPO法人まるの二つは，いずれも単なる製品づくりに終わらずに，独自の障害者ブランドを掲げながら他組織と協働することで製造から販売までの一気通貫の体制を目指す点で共通している。

　新潟市にあるNPO法人あおぞらポコレーション（本多佳美施設長）は，障害のあるなしに関係なく楽しく働き楽しく暮らすことを通じて地域社会の中でなくてはならない存在になることを目指して活動している多機能型障害者就労支援の事業型NPOである。あおぞらポコレーションという名前は，poco（ゆっくり・じっくり）とrelation（関係）の合成語をもとに，青空のようにすっきりした社会の実現に向けてお互いに違いを認め合えるような関係をゆっくりと広げていきたいという想いから名づけられた。2014年2月時点で利用者数は41名であり，そのうちあおぞらポコレーションが26名（内訳はB型18名，A型8名），あおぞらソラシードが15名（全員B型）である。理事長および統括施設長は本多佳美氏である。2003年の事業所設立から関わっている。

　主要事業としては，主に「熊と森の水」を製造する化粧品事業部（B型）の他，ペレット燃料や着火剤さらにはペレットストーブの電気部分の配線（ハーネス）を扱う木工事業部（A型），クロスウェーブ等の洗浄を行う洗浄事業部（A型），清掃事業部（B型），農園事業部（B型）の5つがある（**図表6-1**）。

　2003年設立当初から，利用者の工賃の向上のために様々な事業を立ち上げてきたが，そのほとんどが請負事業であり工賃の向上にはつながっていないとい

第6章 地域密着志向の事業型NPOの協働戦略

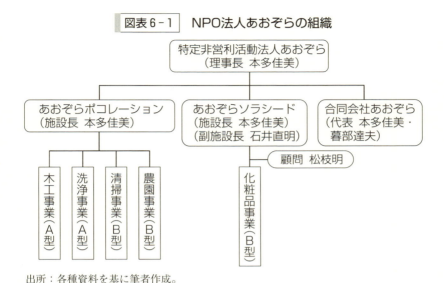

出所：各種資料を基に筆者作成。

う課題に直面する。そこで自ら稼ぐ体制づくりのために，施設長の本多は㈱FVPが主催する福祉起業家経営塾を受講し，これまでの下請依存から脱却するために自主製品の開発を目指すことになる[1]。そして新潟地方の杉の端材を使ったリネンウォーター「熊と森の水」を開発し製造販売するまでになっている。この過程では，開発とプロデュースに関してはオーガニックコスメのメーカー㈱クレコスとの協働，デザインに関してはヒッコリースリートラベラーズとの協働，さらに多くの企業や大学と連携しながら自主製品の開発につなげている。こうした過程を振り返ることで，地域密着志向のNPOが誰とどのような協働をしながら事業型NPOに脱皮してきたかを論じる（**図表6-2**）。最後に，こうした事業型NPOが地域の資源を発見し活かすためのポイント，域内あるいは域外の他組織との協働のポイントなどをまとめながら，地域NPOの協働戦略について考えることにする。

99

| 図表6-2 | NPO法人あおぞらと他組織との協働 |

年月	あおぞらポコレーション （本多佳美）	クレコス（暮部達夫）	ヒッコリースリートラベラーズ （迫一成）
	本多氏が新潟大学教育学部卒業		新潟大学人文学部卒業
	福祉施設に就職		
2001	福祉施設が閉鎖（運営トラブル）		迫・遠藤・橋本の3人で共同経営 チャレンジショップオープン
2003.9	無認可作業所としてスタート		上古町に店舗オープン
	仕事の開拓（ペレット製造，仮設道路資材の洗浄，アパート・公共施設の清掃など）		
2006	障害者自立支援法 FVPの福祉起業家経営塾を受講		フリースペース「ワタミチ」開始
2008	NPO法人格取得		
2008.4	障害福祉サービス事業開始（あおぞらポコレーションB型，就労移行）		
2009	C-netsにいがた発足（15団体）15団体，役員6名		
2010.12		クレコス副社長暮部氏等があおぞらを訪問	「ワタミチ」の土地建物を買い取りリニューアルオープン
2011	本多氏と知人がクレコス新潟営業所訪問。暮部氏からリネンウォーターの提案		
2011.4	A型事業を開始（就労移行中止）		
	自前で蒸留機購入		
2012	合同会社あおぞら設立		本多氏から「熊と森の水」のブランディング依頼
2012.4	あおぞらソラシード開所（B型）		
2013.2	元コーセー化粧品商品開発担当の松枝明氏顧問に招聘		
2013.2.6	第75回東京インターナショナル・ギフト・ショー参加（ブランド名スペシャルミックス） あおぞらソラシード（熊と森の水）		

出所：各種資料をもとに筆者作成。

• 100

2　あおぞらポコレーションの事業型NPOへの進化

　あおぞらポコレーションの現理事長である本多佳美氏は，新潟大学教育学部を卒業した後１年間学校相談員をするなかで，たまたま声をかけてもらった障害者福祉施設で働くことになる。しかしその福祉施設も，運営トラブル等で閉鎖され責任者不在の状態になってしまう。後に残った本多氏は，その当時ボランティアとして働いていた近藤元理事長と共に施設と利用者14名強をそのまま引き継ぐことになる。しかし障害者が働ける施設を作りたいと考える本多や近藤元理事長とあくまで障害者の居場所づくりにこだわる保護者との間で分裂が生じ，最終的には利用者のほとんどが福祉施設を脱退することになる。そこで施設として存続するための必要人員を何とかかき集めることで2003年９月無認可作業所としてスタートし，2008年NPO法人格を取得したのがNPO法人あおぞらである。

　設立初期の段階では，建設関連企業でのキャリアが長い近藤元理事長のネットワークを使って，ペレット製造や仮設道路資材の洗浄，そしてアパートや公共施設の清掃などの下請業務を開拓していった。しかし請負業務の範囲の拡大が即座に収益につながるわけではない。この当時のことを本多は，「あのころは色んな人から声を掛けてもらうところ全部に手を出していました。それではやはり回らないし，実はやはり安く使われていただけで経費ばかりかかってしまった。」(2014年12月８日本多佳美氏へのインタビュー調査) と述べている。

　この請負業務の限界が顕在化したのが東日本大震災である。その当時ヤマト運輸からの請負業務として，段ボール箱に伝票を貼りそれをカゴ車に詰め込むという施設内就労が大きな収入源の一つであった。この収益源を当てに2011年４月から４〜５人のチームでA型事業所を立ち上げる計画が，３月の大震災以降ヤマト運輸に仕事が入らない状況で頓挫することになる。自ら稼げる自主事業がないことを痛感し，下請からの脱却を考えていた時に偶然出会ったのがオーガニックコスメのメーカーである㈱クレコスの暮部達夫副社長である。

101

クレコスの暮部副社長が最初にNPO法人あおぞらを訪問したのは2010年12月である。新潟市にクレコスの直営店舗を新設する準備をするなかでの訪問であった。そして2011年には，逆に本多氏が別の障害者施設の友人とともにクレコス新潟営業所を訪問している。その時の様子を本多は，「手ぶらで行くのも失礼だったので下請け事業で出た越後杉の端材を持っていきました。この杉の木で石鹸箱を作らせてもらえないかという提案をさせてもらったところ，逆にこの杉を蒸留してリネンウォーターにすれば面白いのではというアイデアをいただきました。」と述べている（コトノネ編集部　2013）。このアイデアが，NPO法人あおぞらの自主商品「熊と森の水」につながることになる。

3　リネンウォーター「熊と森の水」の商品化プロセス

　クレコスの暮部副社長から最初に発せられた「メーカーになる覚悟はあるか」という厳しい問いかけを発奮材料に，本多は様々な試行錯誤をしながら自主商品「熊と森の水」を商品化してきた。この商品化の過程をステージごとに整理することで，どのような取り組みを行ってきたかを考えることにする[2]

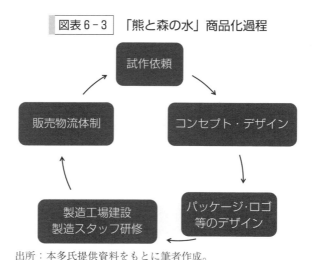

図表6-3　「熊と森の水」商品化過程

出所：本多氏提供資料をもとに筆者作成。

（図表6-3）。

　まず試験製造の段階であるが，初期の段階ではクレコスに試作を依頼している。本多はクレコスから蒸留という方法があると聞いた翌日には杉のおが屑をクレコスに送っている。そして試験蒸留されたボトルが返ってくると，皆で香りを嗅ぎながら蒸留機を自前で購入すれば自主生産も可能という判断をするようになる。理事会の承認を得ながら，自前の蒸留機（250万円）を購入し（**図表6-4**），将来的には広い土地を持ちたいと考え蓄えてきた自己資金と銀行からの借入金で自然豊かな水の美味しい土地の購入にも踏み切る。

　続いて商品化するのであればデザイナーが必要という暮部副社長の助言もあり，デザイナー探しを始めている。クレコスも大阪に独自のデザイナーグループを有していたが，新潟という地域でNPO法人あおぞらを常にサポートしながら長期的に人づくりも行えるようなデザイナー集団がベストということで地元デザイナー探しが始まった。そして新潟市土産品コンクール（2010年）で，迫一成がデザインしたコシヒカリを新潟伝統の手ぬぐいでおむすび型に包んだギフトが金賞を受賞し，暮部副社長もその商品を知っていたこともあり，彼にコンセプト・デザインやパッケージ・ロゴの作成の依頼をすることになる。偶

図表6-4　自前購入の蒸留機

出所：NPO法人あおぞら提供資料。

然にも本多と迫の二人もまた，NPO法人まちづくり学校や上古町商店街の活性化，さらには青空卵の販売などを通じて古くから縁のあった関係である。迫は本多との関係について以下のように話している。

「本多さんが福祉の現場から日本や社会を変えたいみたいなことを言っていたから，それだったら面白そうだし，手伝おうというか。もちろんデザイン代ということで，お仕事としてお金もいただいていたのもありますが，やらせてもらっていて。うちは売り場があるので，作ったものをすぐ売ることができて，動きが良いとかわるいとかをすぐに見られるし改善もできる。実際僕たちも仕入れて売るという立場なので，売れないものは置きたくないし，デザインしたもののほうが，自分たちにとってもお客さまにとっても，面白いというか意味あるものなので，やりましょうということでやってきました。」（2015年2月19日迫一成氏へのインタビュー調査）

なお迫一成は遠藤在と橋本真由子とともに2001年ヒッコリースリートラベラーズを結成している。現在もスペシャルミックスという独自の障害者ブランドを核に協働している組織である。NPO法人あおぞらとヒッコリースリートラベラーズやその他の組織との協働の過程については後に触れたい。

続いて地元デザイナー迫とあおぞらのスタッフとでコンセプトを決める会議が頻繁に開かれるようになる。迫がNPO法人あおぞらの事務所を訪れて，リネンウォーターの競合商品をチェックしながら自分たちの施設の強みは何なのか，この商品を何のために作るのか，それを販売してどうなってほしいのか，誰をターゲットにするのか，などについて一つひとつ詰めていった。この議論の結果生まれたのが**図表6-5**のパッケージ・ロゴ（変更後）である。

右のクマはメンバーの元気な姿，左のブナは水を吸収して大きく成長するという可能性を示している。2003年という数字はあおぞらの立ち上がり期，手のひらは手仕事として丁寧に作りますという想いと障害があっても楽しく働いていくという目標を表している。そして周囲のハーブは自然農園，ニワトリを飼育しているので卵型というように，会議で出てきたもの全てを盛り込んだパッケージ・ロゴになっている。そして出産を期にエコやオーガニックを意識する

104

第6章 地域密着志向の事業型NPOの協働戦略

図表6-5 森と熊の水

出所：筆者撮影。

ようになった20歳から30歳代の母親をターゲットにすることになった。

さらに商品パッケージ（ボトル）についても，クレコスの取引企業からサンプルを集めながら，スタッフみんなでどれにするかを議論している。さらにフライヤー（店舗用チラシ）には，リネンウォーターをつくった人たちとして，あおぞらポコレーション，クレコス，ヒッコリースリートラベラーズの紹介やリネンウォーターの使用方法，パッケージ・ロゴの説明なども加えられている。そして商品については次のように書かれている。「こどもからおばあちゃんまでつかえる天然で優しいリネンウォーターです。木屑になった新潟の木材を活用し，障がい者就労支援施設がつくりました。」

また品質チェックに関しては，新潟薬科大学や民間試験機関の協力を得ながらエビデンスを蓄積し，コンプライアンスについてもPL法，家庭用品品質表示法，景品表示法，薬事法，包装容器リサイクル法，などに様々な法律に準拠しながら商品化を進めていった。

この後，インターンと共同でリネンウォーターを実際に使用しながら香りや価格やデザインなどをチェックするモニタリングを行っている。このモニタリングの結果，「熊とブナの水」という名称を「熊と森の水」に変更するという決定を行っている。熊がブナを荒らすことから，熊とブナという並びは相性が

悪いのではという意見が山に詳しい理事から出たことを踏まえての変更であった。

　その後2012年4月には，自然豊かな阿賀野市五頭山の麓にある土地にリネンウォーター「熊と森の水」を製造するあおぞらソラシード（B型）が開設されている。開設初期は3名の製造スタッフであったが，製造ノウハウを学ぶためにクレコスに1週間の現場研修を行っている。さらにクレコスで学んだノウハウを他のメンバーも共有することで製品管理のレベルを高めてきた。さらに2013年2月には，元コーセー化粧品の商品開発担当の松枝明氏を顧問に招聘し，同時に営業や販売を主にする別会社の合同会社あおぞらを立ち上げている。これは製造と販売とを分けることで，営業力を高めたいという意図からの決断である。

　さらに営業力強化の一環として，まずは売ってみようという姿勢で，apbankフェスティバル（2012年）や第75回東京インターナショナル・ギフト・ショー（2013年2月6日）にも参加している。旧来型の福祉バザーへの出品という姿勢ではなく，あくまで一般店舗での販売を目指していたことから，こうした参加は職員のモチベーションアップにもつながった。また広報やPR面での取り組みが，最終的には雑誌『ソトコト』や雑誌『ecocolo』などに「熊と森の水」の商品化ストーリーが掲載されることにつながっている。

4　多様な連携を通じたスケールアップへの道

　これまでリネンウォーター「熊と森の水」の製造までの過程を振り返ってきたが，この「熊と森の水」の販売体制をどのように設計し営業活動を行っているかについて簡単に触れておきたい。まず本多は，多くの福祉施設の大きな課題の一つは売る力が弱いという考えのもと，福祉施設とは違う別会社としての合同会社を立ち上げている。それが合同会社あおぞらである。合同会社あおぞらは，過去に一度立ち上げていながら休眠状態であったが，それを復活させようという意図である。そして**図表6-6**にみるように，「熊と森の水」をはじめ

第6章 地域密着志向の事業型NPOの協働戦略

C-nets新潟に加盟している福祉施設の商品販売の業務委託をしているのが合同会社あおぞらである[3]。

なおC-nets新潟は，新潟市内外で障害者の自立を支援する事業所等が連携することで業務の効率化や新規開拓を進める目的で2000年4月に発足している。現在15団体が会員である。C-nets新潟の主な事業は，DM封入，オフィス清掃，データ入力，袋詰めなど単純作業を共同受注することであるが，この共同受注事業をさらに拡大しながら下請けとしての専門性を高めていくことを目指している。さらに2011年からはC-nets新潟の新規事業として，商品力や販売力をどのように高めていくべきかを考え実践するプロジェクト（炎の商品力・販売力向上プロジェクト）がスタートしている。具体的には，①各福祉事業所の商品付加価値を高める統一ブランドの立ち上げ，②専門家による売れる商品のプロデュース，③営業販売窓口の一本化による流通体制の整備，④事業所職員の意識やスキルの向上などが実行された。こうしたプロジェクトのなかで生まれたのがスペシャルミックスという統一ブランドである。スペシャルミックスは，「しょうがいしゃだっていろいろできる」をブランドコンセプトに，新潟県内の施設が合同で立ち上げ障害を持つ人たちの自立を支援するオリジナルブラン

図表6-6 「熊と森の水」他の商品ライン

出所：NPO法人あおぞら提供資料。

ドである。熊と森の水（あおぞらソラシード），ソーバスミスト（あおぞらソラシード），ソーバスバウム（あおぞらソラシード），なないろストール（トムソーヤ，ワークセンターほほえみ），わかば石鹸（わかばの家），手すき紙のご祝儀袋（つくし工房）など多くの商品がスペシャルミックスブランドとして登録され販売されている。

　こうした商品化をデザイン面でサポートしているのがヒッコリースリートラベラーズである。ヒッコリースリートラベラーズの代表である迫一成は，九州出身で新潟大学人文学部在学中に絵本作家になるために東京の専門学校パレットクラブに通い始める。そして卒業後の2001年10月に専門学校当時の友人でもある静岡出身の遠藤在と大学時代の先輩である福井出身の橋本真由子の3人でヒッコリースリートラベラーズを結成する。そして新潟市内地下の西堀ローサ内で若手経営者育成のためのチャレンジショップをオープンしている。チャレンジショップ制度の1期生であり2坪の店を構えることになった。そこでこだわったのがオリジナルTシャツのデザイン，プリント，販売までを全てデザイナー自らが手がけることであった。

　2003年3月には西堀ローサから上古町商店街に店舗を移転している。2006年からは渡道酒店（2005年閉店）の空きスペースを利用した「ワタミチ」を始めている。ワタミチでの作品展示，日本酒や写真教室，さらには雑貨販売などを通じた人と人との交流が上古町のイメージを変え，新しい人の流入につながっていった。上古町商店街の活性化にもつながっていった。2010年にはこのワタミチの土地と建物を買い取る決断をしている。その過程で橋本真由子と遠藤在は独立して活動することになり，新たなメンバーが加入している。こうした精力的活動は全国的に注目を集め，2015年にグッドデザインアワードを受賞している。

　以上がヒッコリースリートラベラーズ誕生と発展の簡単な経緯であるが，新潟という土地だからできることや人と人のつながりを大切にすること，そして常に楽しみながら柔軟に創作活動を行っているクリエイト集団である。そして団体の基本は「日常を楽しもう」をコンセプトにモノやコトをクリエイトする

第6章　地域密着志向の事業型NPOの協働戦略

ことである。そしてデザイン活動を通じて地域の大切なものを発信していく活動が社会を変えることにつながると考えている。このあたりのことを，迫はNPO法人あおぞらとの関係で次のように話している。

「世の中とか社会的なものを変える意義は非常にあるなと。たとえば新潟というところで活動しているので，やはり新潟でお役に立てるか。新潟に拘っているわけではないですが，せっかくこの場所にいて，できれば自分の場所は良くないというよりも良いといったほうが幸せなので，肯定するためにも，いいものがより良く見えるようなかたちにしたりということを，やらせてもらったりして，本当にそういうのを，社会のきっかけになるようなものを頂いたのが，このあおぞらさんだなと感じていて。」（2015年2月19日迫一成氏へのインタビュー調査）

さらに熊と森の水の商品化をサポートしている企業として，㈱トライフ（代表手島大輔），㈱Casokdo（代表五十嵐洋），㈱アルデバランなど多くの企業が協力している（**図表6-7**）。トライフ代表の手島大輔は，2005年にオーガニックコスメブランドのベンチャー企業を立ち上げ株式上場に貢献した後，2006年にトライフを設立している。そして国内外で複数のソーシャルブランドを立ち上げながら，2009年にはボランティア団体を立ち上げ障害者施設のマーケティング支援活動も開始している。2013年からはオーラルピース事業を開始している。トライフの手島大輔代表による講演や勉強会を通じて，本多や迫はマーケティングやPRの重要性を再認識しながら知識を蓄えてきた。

また㈱Casokdoは，ソーシャルプロダクトのPR・コンサルティングを行う企業であり，ユニークなオンラインショップ「ARIGATO GIVING」を運営している企業でもある。このサイトでは，国際協力活動に貢献する商品，障がい者福祉施設でつくられている商品，有機栽培で作られたオーガニック商品などが揃っている。もちろん天然のやさしいリネンウォーター「熊と森の水」も扱われている。

㈱アルデバラン（代表暮部達夫）は，オーガニック化粧品のOEM企業であり，化粧品の製造販売，健康食品の販売，洗剤の製造販売，化粧品・健康食品

109

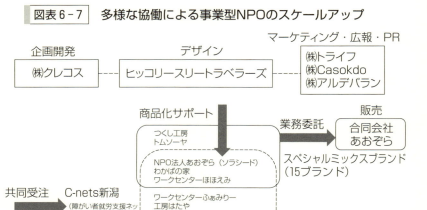

図表6-7 多様な協働による事業型NPOのスケールアップ

出所：各種資料をもとに筆者作成。

の原料の製造販売を主な事業にしている。商品企画の段階から実際に商品として販売する段階までをトータルにサポートできることが強みである。クレコスの暮部副社長がアルデバラン代表でもあることから，NPO法人あおぞらも様々な段階でサポートを受けている。

これまで「熊と森の水」の商品化過程とその過程で関わった様々な組織との協働について述べてきた。新潟の一福祉施設が，既存の請負業務の限界を感じて自主事業を始め軌道に乗せるためには多くの組織からのサポートが必要であった。それが図表6-7の企業セクターとして挙げられている企業群である。リネンウォーターの製造はあおぞらソラシードが担当しているが，その企画開発，デザイン，マーケティングや広報PRなどはそれぞれ専門の知識やスキルを有する企業と協働している。リネンウォーターのOEMに特化するという選

択肢もあったが，メーカーになる覚悟と継続性を持って商品化を進めていった。

　一般的に障害者福祉施設が事業型NPOに転換するときに共通して抱える課題は，作った商品をどのように販売するか，あるいは営業活動をするかに関するものである。障害者施設でつくられている商品のなかには，他のブランドの商品に負けないくらいの商品力があるケースも多い。しかし製品をつくることに注力して，その製品を消費者に届けるところまで手が回らないことも多い。「熊と森の水」の場合は，販売から考えることを基本にクレコス，ヒッコリースリートラベラーズ，トライフ，Casokdo，アルデバランなどの企業と緩やかな連携を組みながら一気通貫のビジネスモデルをデザインしている。さらにインターナショナル・ギフト・ショーなどを通じて，障害者ブランドスペシャルミックスを統一ブランドとして全国に発信している。こうした新潟県内外での協働戦略の試みが，地域の多くのNPO法人の刺激になり地域活力の底上げにもつながっている。

5　NPO法人まるの概要

　NPO法人まるは，障害のある人たちの絵画・陶芸・木工などの表現活動を通じて社会とのつながりを構築しようとしている団体である。施設利用者は生活介護が20名，就労家続支援B型が20名の計40名である（2014年6月現在）。障害のある人のアートと企業をつなぐエイブルアート事業を積極的に推進していることでも有名な団体である。

　1997年4月，無認可の福祉作業所「工房まる」をメンバー10名と施設長吉田修一はじめスタッフ3名でスタートしたのが始まりである。メンバー各人が，絵画や陶芸などの創作活動を通じて様々な人と関わることで自立していくことをサポートすることが目的であった。まるが一番強い形で覚えてもらいやすいということで工房まるという名前になったという。5月には運営資金を確保するためにオリジナルTシャツを制作し発売している。このTシャツ事業は，翌年以降も定番商品として続けられることになった。そして1999年代に，工房ま

111

るをサポートしている人と共にトヨタ・エイブル・アート・フォーラム福岡の開催に向けて実行委員会を設立する頃から，メンバーの関心も木工クラフトから絵画や陶芸などのアート活動へシフトしていくことになる。そして2000年3月には，福岡市美術館においてトヨタ・エイブル・アート・フォーラム福岡が開催されることになる。そして以後，このフォーラムの研究会は継続的に開催されるようになる。

　2005年1月には，㈱ボストン-ナインからコラボTシャツの依頼があり，メンバー作品をデザインしたTシャツが販売された。2007年3月には特定非営利活動法人まるを設立している。具体的には，これまで無認可作業所であった「工房まる」を施設運営事業として再スタートさせ，法定内事業への移行を視野に入れNPO法人まるを設立している。さらに新たな事業として「コミュニケーション創造事業」を開始している。代表理事は樋口龍二，事業内容は施設運営事業（障害福祉サービス事業および表現・就労支援事業）とコミュニケーション創造事業（エイブルアートカンパニー福岡事務局，障害のある人のアートイベントの企画運営，行政，企業等との共同イベントの企画運営など）の2つである。2008年4月より，障害者自立支援法に基づく障害福祉サービス事業であ

図表6-8　NPO法人まるの施設利用者

出所：NPO法人まる提供資料。

る「生活介護」「生活訓練」という2つの事業を行う多機能型事業所として事業移行を行っている。2010年4月に第二の作業所として福岡市南区三宅に工房まる・三宅のアトリエを開設している。さらに2014年6月には3番目の事業所になる工房まる・上山門のアトリエを福岡市西区上山門に開設している。

以上がNPO法人まるの概要であるが，以下で検討するサヌイ織物との協働，さらには㈱ふくしごとの設立による障害者ブランド「日々のてまひま」発信について次節で検討することにする。

6　NPO法人まると多様な企業との協働

NPO法人まるは設立当初から様々な企業と関係をつくってきている。例えばボストン-ナインとの協働によるTシャツの製作販売などである。しかし企業,

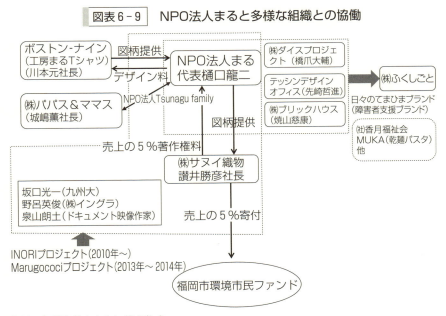

図表6-9　NPO法人まると多様な組織との協働

出所：各種資料をもとに筆者作成。

大学，行政，環境市民ファンドなど多様な組織との協働を通じて地域の活性化を進めるプロジェクトは，①「INORIプロジェクト」(2010年) と②「marugocociプロジェクト」(2013年～2014年) が最初である。その後，障害者がつくる商品を独自の視点で開発しながら，福祉施設の販売活動をサポートする③「日々のてまひまプロジェクト」(2015年) がスタートすることになる。それぞれのプロジェクトについて簡単に触れておきたい。

6-1 「INORIプロジェクト」(2010年)

プロジェクト名でもあるINORIには，命と織と祈りの3つの言葉が含まれている。そして絶滅危惧種の動物をまるのメンバー（太田宏介氏）に新たに描いてもらい，その図柄を使ったネクタイ・財布・名刺入れなどの小物を製造販売するというプロジェクトである。博多織ガラパゴスペンギン・ネクタイや象のペンケースやキーホルダーなどである。売上の5％を太田宏介，松永大樹，大峯直幸，陽子の4人に著作権使用料として支払う契約である。さらに売上の5％を福岡市の環境市民ファンドに寄付するという仕組みである。

NPO法人まる代表樋口龍二とサヌイ織物の意匠担当の平田一が最初に出

図表6-10 「INORIプロジェクト」

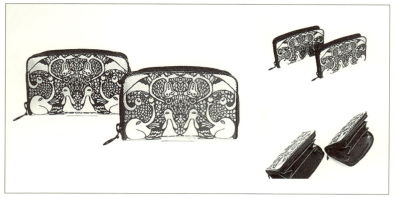

出所：NPO法人まる提供資料。

第6章　地域密着志向の事業型NPOの協働戦略

会ったのは，㈱森緑地設計事務所が主催する会員制勉強会「花と緑を語る会」であった。企業の社会貢献の実情を学ぶというところに勉強会の趣旨があったが，その時に樋口が講演で見せた工房まるの利用者の絵画を見て，会員であり自らも絵を描くサヌイ織物の平田は「すごい素敵な絵なので何かできないかっておぼろげに感じられて，その翌月ぐらいにもうアトリエに来られて，実際に見て何かできないかという形につながっていったという感じです。」（2015年3月3日NPO法人まる代表樋口龍二インタビュー調査）

　NPO法人まる代表の樋口も常日頃から，障害のある人たちが表現活動を通じて社会の中での役割を見出すことの重要性を認識し，障害や福祉などの言葉を新しい視点から捉えなおす活動を行っていたこともあって，翌月に「社会に対してメッセージ性のある博多織を一緒につくっていただきたい」という依頼があったときには率直に面白いと感じたという。面白いと感じたのは，第一に福祉施設への一方的支援だけではないこと，第二に企業とNPOの協働の成果（売上）の一部を環境保護団体に寄付すること，第三に，福岡の伝統工芸である博多織とコラボすること，第四に，メンバーが描いた過去の作品ではなく新たに描きおろした絵画を使うこと，第五に，商品の奥にある想いも届けるということ，などが理由になっている。

　一方サヌイ織物は，博多織の製造販売と博多織工芸館を運営している老舗企業である。1949年に創始者讃井勝雄が福岡市博多区下呉服町で創業し，1964年創始者死去に伴い讃井勝美が代表を引き継いでいる。1966年には株式会社サヌイ織物が設立され，それ以降博多織のネクタイや財布・名刺入れ，袱紗や風呂敷，テーブルセンターやタペストリー，ギフトなど多くの商品が製造されている。博多織屋でありながら二代目社長讃井勝美の時期に帯を織ることを止め，小物やギフト商品など他企業ができないことに特化するという決断をしている。福岡五大祭りタペストリー，博多座の博多織タペストリー，モハムドユヌス肖像，福岡国際会議場緞帳，九州新幹線「つばめ」内装タペストリーなど博多織の技術を活かした実績を上げている。2009年に讃井勝美から讃井勝彦に社長が引き継がれて現在に至っている。

115

2009年に社長になった讃井勝彦は，「革新なくして伝統なし」をモットーに博多織業界の現状を少しでも変えていきたいという想いと，過去にネクタイ・財布・名刺入れなどの小物を製造してきた実績もあることからNPO法人まるとの協働に賛同した。INORIプロジェクトによって，売上の5％が環境基金に寄付され，INORI商品が売れれば売れるほど絵画を提供したアーティストの収

図表6-11 NPO法人まるとサヌイ織物との協働

	NPO法人まる（代表樋口龍二）	サヌイ織物（社長讃井勝彦）
1949		博多区下呉服町で創業
2004		
2009		
1997	福祉作業所「工房まる」開設（代表 吉田修一）	
1998	樋口氏「工房まる」に参加	
2007	「工房まる」のNPO法人化	
2008.4	障害者自立支援法に基づく障害福祉サービス事業に事業移行	
2009		元社員平田氏が樋口代表の講演を聞く
2009		元社員平田氏がNPO法人まるの工房を訪問し，作品に関心を持つ
2010.4	「三宅のアトリエ」開設，就労継続支援B型事業	
2010.10	INORIプロジェクトスタート	
2010		福岡市環境市民ファンドに売上の5％寄付
2011		
2013	Marugocociプロジェクトスタート	
2015.3		Marugococi製品の製造中止
2015	4社で㈱ふくしごと設立（日々のてまひまブランド）	

出所：各種資料をもとに筆者作成。

116

入増につながることになる。環境保護と障害者自立支援を同時に行うことで社会への恩返しにもなると考えた。ただ讃井社長は次のようにも話している。

「商品としてお客様に購入していただくというのは絶対条件です。気に入っていただいて。そこに物語がついてくると。実はこれは伝統ある博多織の織りの技術で織られたものですよ。しかも、デザインは障害のあるアーティストの方に描いて頂いたものですよ。後からでいいんですよ。後付けで。実は、このお客様に買っていただいた商品の一部は環境基金に寄付をします。障害のあるアーティストの収入にもこれは使われますと。ロイヤリティとして使われますというふうな。それを、お涙ください、障害者支援です、自立支援ですとやるのは大嫌いです。」（2015年3月3日サヌイ織物讃井勝彦社長インタビュー調査）

結果的には、INORI商品のメッセージは、福岡市役所職員はじめ一般消費者にも好意的に受けとめられた。福岡市長もネクタイを購入し、市長から感謝状が授与されている。ただこのINORIプロジェクトは、サヌイ織物という企業とNPO法人まるとのコラボであり、アイデア提供から試作を経て商品の製造まで約1年かかっている。そして商品ができた後のプロモーションや営業活動については十分なサポートができなかった。この課題を解決するためにデザイナーや専門家が参加したのが「marugocociプロジェクト」である。

6-2 marugocociプロジェクト（2013年〜2014年）

INORIプロジェクトの後の第二弾として展開されたのがmarugocociプロジェクトである。風呂敷の絵柄のデザインは太田宏介氏が提供し、サヌイ織物と共同制作された。絵柄のデザインは、「わたりどり」「いちご」「まゆちゃん」の3種類であった。なお「marugocochi」のgocochi（心地）は心地感を意味している。例えば着心地やさわり心地、夢見心地など心持ちを重視している。そして「つつむ」「むすぶ」「おくる」などのキーワードを1枚の風呂敷という商品に凝縮させている。風呂敷自体は1枚の生地でありながら、相手を「おもう」行為を形にすることができる商品になる。さらにプロモーションや

図表6-12　marugocociプロジェクト

出所：NPO法人まる提供資料。

販売については，様々な分野のスペシャリストに風呂敷の使い方や商品展開を展開してもらうことを基本にしている。そしてデザインディレクションが㈱イングラ野呂英俊，監修・協力が九州大学坂口光一研究室（感性マーケティング），撮影・映画製作が泉山朗土（ドキュメント映像作家）などの協力で商品展開を進めてきた。しかし商品デビューから2年，営業活動や販売に力を入れてきたが，販売が振るわず価格との兼ね合い等の理由により製造を中止している。

6-3 「日々のてまひまプロジェクト」（2015年）

　障害者がつくる商品を独自の視点で開発しながら，福祉施設の販売活動をサポートするプロジェクトである。得意分野の異なる4社が2015年2月に㈱ふくしごとを結成し，「日々のてまひま」という新しい障害者支援のブランドを発信している（樋口　2016）。具体的には，持続可能なまちや社会をサポートする㈱ダイスプロジェクト（橋爪大輔）が中心になり，障害のある人たちと社会をアートでつなぐ活動を続けてきたNPO法人まる（樋口），プロダクトデザイナーであるテツシンデザインオフィス代表の先崎哲進，Webやシステム開発の㈱ブリックハウス（焼山慈康），NPO法人ドネルモ（山内泰）などが協働

第6章　地域密着志向の事業型NPOの協働戦略

図表6-13　日々のてまひまプロジェクト

出所：NPO法人まる提供資料。

パートナーとして参画している。パンフレットには，事業目的として「障害のある人たちの日中活動や，就労を支援する福祉事業所の商品と物語を発信。福祉事業所で働くすべての人々の収入を少しでも増やせるよう働きかけると同時に，この社会に，障害という壁を越えて誰もが共にいきいきと働き，心豊かに生きていける心地よい循環を作りたいと考えています。」と明記されている。「日々のてまひま」ブランドの第1号は，福岡県糸島市で作られている乾麺パスタであった。

7　2つの事業型NPOの比較

　これまで新潟という地域で，請負業務依存型のNPOからの脱却を目指して自主製品「熊と森の水」の商品化を進めているNPO法人あおぞら，福岡という地域で，アートと社会をつなぐ活動を行う過程で伝統技術と障害のある人の表現による新しい製品開発を進めてきたNPO法人まるの活動を紹介してきた。いずれも行政依存体質からの脱皮を目指し，様々な企業との協働を通じて新しい製品・サービスを産み出しながら，障害者ブランドを立ち上げている点で共

通性がある。さらに良いものを作っていながらマーケティングや販売に弱いという旧来から指摘されているNPO法人の限界を克服するために，独立の販売会社をつくりながらブランド発信をしている点でも共通点がある。そしてこうした事業性や革新性の背後には，NPO法人あおぞらの理事長本多佳美，NPO法人まるの代表樋口龍二が，地域内外の多様な組織と協力することで自らの組織が不足している部分を補いながら，さらに新しい社会的価値を創造するための協働戦略あるいは集合戦略を行ってきたことが大きい。

協働戦略という用語には，すでに出来上がった取引的関係や資本的関係を強化することで関係そのものを強固にするというイメージがある。また企業間協働など同種組織間の協働が一般的である。しかし2つのケースは，同種組織間の協働というよりも異種組織間の協働であり，新しい社会的価値を創造するた

| 図表6-14 | 2つの事業型NPOの比較 |

	NPO法人あおぞら	NPO法人まる
実質的リーダー	本多佳美（理事長）	樋口龍二（代表）
製品	熊と森の水，ソーバスミスト，ソーバスバウム	Tシャツ，INORI製品，Marugococi製品，彩りパスタ
協働する組織	クレコス，ヒッコリースリートラベラーズ，トライフ，カソクド，アルデバラン他	サヌイ織物，ボストン・ナイン，パパス＆ママス，香月福祉会他
協働組織の範囲	商品企画・デザイン・製造・販売の工程で他組織と協働	障害のある人が制作したアートの商品化に関係する他組織と協働
事業型NPOへの移行	震災後下請業務の限界から自主製品の商品化	障害者の芸術作品の商品化
独立の販売組織	合同会社あおぞら	株式会社ふくしごと
障害者ブランド	スペシャルミックス	日々のてまひま
ブランドの範囲	新潟県の5福祉団体（クローズ）	九州全域の福祉施設（オープン）

出所：筆者作成。

• 120

めに自発的に参加するようになった組織間の協働である（佐々木利廣ほか2009）。関係そのものも緩やかであり，場合によっては関係が消滅することもある。

　さらに2つのケースに共通するのは，他企業や他のNPOと緩やかな協働関係を形成することで，自らの組織では処理できない機能を果たそうとしていることである。一般的には，慈善型NPOが事業型NPOへと脱皮しながら成長発展していくためには2つのルートが考えられる。

　第1は，異種間の協働戦略（集合戦略）によってスケールアップを果たしていくルートである。第2は，出来上がったビジネスモデルを国境を超え地域を超えて移転することで社会全体のイノベーションにつなげていくというスケールアウトのルートである（佐々木　2012，2013）。本稿では，第1のスケールアップのルートについて2つのケースをもとに論じてきたが，今後スケールアップとスケールアウトをどのように進めていくかについてさらに検討していきたい（駒崎　2016）。

（謝辞）

　業務多忙の中インタビュー調査に協力いただいたNPO法人あおぞらの近藤康市氏（元理事長），本多佳美氏（現理事長および統括施設長），石井直明氏（副施設長），ヒッコリースリートラベラーズの迫一成氏，㈱クレコスの暮部達夫氏（副社長），㈱サヌイ織物の讃井勝彦氏（代表取締役），NPO法人まるの樋口龍二氏（代表）に感謝いたします。

　なお本研究は科研費（課題番号24530429）の助成を受けている。

　本章は『経営論集』（明治大学）第64巻第4号に投稿した「協働戦略を通じたNPOのスケールアップ—NPO法人あおぞらとNPO法人まるの事例を中心に—」を一部加筆修正したものである。

〈注〉

1　2003年の開所当時の平均工賃は3,000円であったが，その2011年には事業所全体で工賃は

43,000円に上昇している。しかし福祉起業家経営塾を受講後に本多氏が掲げた目標工賃5万円の事業計画は，単に5万円達成だけでなく利用者の働き甲斐や自立支援を目的にしている（『FVPニュースLetter』2012年11月）。

2　本多佳美「special mix：5つの障害者施設による表現活動とブランド化」（障害者アートマネジメントセミナー2014年）のデータを参考にした。

3　営業力強化は現在でも最も大きな課題であり，営業専任スタッフの雇用などが考えられている。またスペシャルミックスという統一ブランドに関しても順調に推移しているわけではない。

〈参考文献〉

江口泰広監修，中間大維著（2016）『その商品は人を幸せにするか—ソーシャルプロダクツのすべて—』ファーストプレス社。

コトノネ編集部（2013）「特集：企業が福祉ビジネスをおもしろくする」『コトノネ』Vol.7, pp.12-17。

駒崎弘樹（2016）『社会を変えたいひとのためのソーシャルビジネス入門』PHP新書。

佐々木利廣（2012）「新庄方式の生成移転過程：マルチセクター協働によるリサイクルシステム」企業と社会フォーラム編『持続可能な発展とマルチ・ステイクホルダー』千倉書房，pp.122-141。

佐々木利廣（2013）「ソーシャルビジネスモデルのスケールアウト—ビジネスモデルの模倣と移転—」日本マネジメント学会『経営教育研究』，16－1，pp.17-28。

佐々木利廣ほか（2009）『組織間コラボレーション』ナカニシヤ出版。

樋口龍二（2016）「福祉と社会の関係を多様にする：工房まる，ふくしごと」たんぽぽの家編『ソーシャルアート：障害のある人とアートで社会を変える—』学芸出版社，pp.250-264。

本多佳美（2013）「企業とコラボ，天然リネンウォーター開発」（インタビュールーム895）『厚生福祉』p.5。

第 | 7 | 章

NPOと企業と行政の協働によるあねっこバスの運営

1 新しい地域交通システム

　地域交通の要であったバス事業は，民間企業が採算悪化を理由に路線バスを次々と廃止していくなかで新たな展開が求められている。とりわけ2002年のバス規制緩和以降，デマンドバス（Demand Responsive Transport：DRT）という地域交通システムが注目を浴びるようになってきた。デマンド交通システムは，2002年1月の福島県小高町を皮切りに全国の自治体で導入されている。2002年は2事例，2003年は5事例，2004年は7事例，2005年が5事例，2006年が9事例，2007年が5事例，2008年が3事例である。そして運行主体は，自治体や商工会や社会福祉協議会など様々であり，それぞれの地域の特徴や直面する課題に応じた取り組みがなされている[1]。

　こうした地域の新しい公共交通サービスとして注目を浴びてきたデマンド交通システムは，単に高齢者を中心にした地域住民の足としての機能を果たすだけではなく，高齢者の生きがいを創出し街の活性化をはかり市民協働の意識を高めるなど，多くの相乗効果をもたらすことにもつながる。それは地域住民と行政と事業者が創り出す三方よしの関係でもある（**図表7-1**）。

　デマンド交通システムが全国的に広まる中で，岩手県雫石町で運営主体と

123 •

| 図表7-1 | 住民・行政・事業者の「三方一両得」の成立

地域住民（特に交通に不便な方）
- ✓ 今いる所から、行きたい所へ移動でき、便利（ドアtoドア）
- ✓ 乗合方式のため、安価で利用可能
- ➡ 満足度が高く、繰り返し利用することで街中へ足を運ぶ頻度増

住民の足の確保により、地域が活性化

行政・地方自治体
- ✓ バスの自主運行に比べ、財政支出を約3〜5割程度削減できる。
- ✓ より良い住民サービスを実現できる。

運送事業者（バス・タクシー会社）
- ✓ 保有車両を有効に使える。
- ✓ 固定収入が増え、輸送売上高が増え、収入を拡大できる。

・高齢者の外出機会向上による健康促進◀━━━【副次的・間接的効果】

出所：全国デマンド交通システム導入機関連絡協議会HPより。

してのNPO法人が地元タクシー会社と連携し，行政がサポートするなかでデマンドバスという地域交通システムを実行している「あねっこバス」の事例をもとに，行政とNPOと企業がどのように協働を形成し，その後持続可能なかたちで協働システムを維持発展させているかについて考えることにする[2]。なお「あねっこバス」という呼称の由来は，雫石町が古くから美人の里として有名であり，年頃の娘を「あねっこ」と呼ぶことにちなみ公募で決められた名称である。

2 「あねっこバス」導入までの経緯

雫石町は総面積608.82km^{2}で南北に広い町であり，そのうちの81.6％が森林で占められている。総人口17,250人（2016年3月末現在）のうち65歳以上の老年人口が5,673人であり，約33％が65歳以上の高齢者である。

124

第7章　NPOと企業と行政の協働によるあねっこバスの運営

　1994年2月に2つの民間の路線バスが廃止され，2003年3月には岩手県交通
㈱から2004年3月をもって全ての路線を廃止するという報告がなされた。この
決定は，雫石町のほぼ全域をカバーするローカルバス路線8路線が廃止される
ことであり，2003年4月からは児童生徒，学生，高齢者などの交通弱者の輸送
サービスが全てストップすることを意味する。こうした交通弱者にとって地域
路線バスは生活の足であり，たちまち学校や病院や買物に行く手段が無くなる

図表7-2　あねっこバス運営までの経過

年月	雫石町役場	NPO法人しずくいし・いきいき暮らしネットワーク	有限会社雫石タクシー
1994.2	民間バス事業者2路線廃止		
2003.3	2004年3月をもってすべての路線廃止		
2003.5	特定課題懇談会において住民に情報公開		
2003.8	雫石町生活交通対策提言委員会の設置		
2003.9	生活交通動向調査実施		
2003.11	雫石町生活交通対策庁内プロジェクトチームの設置	NPO団体設立 NPO法人いわてNPOセンターがバス運営パートナー（1年間）	
2003.12	「わが町，雫石のこれからの生活交通ビジョン－これからの生活交通対策の方向性－」策定		
2004.3	全行政区で住民説明会	NPO法人いわてNPOセンターがバスシステム説明とアンケート調査	
2004.4	バス試験運行開始		運行部門の主体としての唯一のタクシー会社への働きかけ
2004.6	バス本格運行開始	利用チケット販売（各商店） 予約専用無線電話（役場病院）	
2005.4	運賃一律化（200円），事前登録制廃止	いきいき暮らしネットワークによる実質的バス運営開始	

出所：筆者作成。

ことになる。**図表7-2**は，行政としての雫石町役場，NPO法人しずくいし・いきいき暮らしネットワーク，有限会社雫石タクシーの3者の協働によるあねっこバス導入までの経過である。

2-1　特定課題懇談会の開催

　路線バスの廃止の決定を受けて雫石町役場の総合政策室は，2003年5月に特定課題懇談会を開催している。今後の対応を考えるために，外部のシンクタンクやコンサルティング会社への委託も選択肢にあったかもしれないが，「時間があれば外部の話も出てきたんでしょうけれども，何せ1年後に差し迫った話の中でしたので，まずは早急に懇談会を開いて，まず町民の声を拾って，基本的には自前で解決するという」（雫石町町民課　橘拓也氏）スタンスでのスタートであった。

　懇談会のタイトルは『わが町の生活路線バスのあり方を考える』である。生活交通に関する現状と路線廃止の申し出について住民説明を行うというのが懇談会の趣旨であった。行政からは町長以下関係者12名，そして町民は73名の参加であった。生活路線バスについては，複数の町民からも「空バスが走っているのを見てこの日がいつか来ると思っていた」という発言もあり，こういう事態をある程度は予想していた町民もいた。しかし路線バス廃止の地域をどのように救済すべきかについては多様な意見が町民から出ている。そして現在は幹線が主体のバス路線であるが，幹線だけでなく路線を見直し停留所を多く設置した低料金循環バスの運行を提案する町民，行政とNPOが協働したバス運行の提案など，かなり前向きな提案がなされた[3]。

　最後に，町長から今後の方向として雫石の実態に合わせて住民の生の声を聴きながら医療福祉，商工，PTA団体，住民代表などで組織する提言委員会を置くこと，岩手県立大学元田良孝教授に政策アドバイザーをお願いすること，などが伝えられ懇談会は散会している[4]。この懇談会を通じて，住民は既存バス路線の存続よりも効率的運行を視野に入れた新たなバス導入を希望していることが明らかになった。なお既存バス路線の存続に関しては，「県交通さんに

第7章　NPOと企業と行政の協働によるあねっこバスの運営

補助を出しながら今までどおりにやる方法も，当然，あったわけですが，そうなると経費的に5000万～6000万円以上掛かるという話もあって，それを，今後，毎年，負担していくのはさすがに困難だろうということで，新しいシステムを考えようという話になった。」（雫石町町民課　橘拓也氏）

それと同時に，財源の不足という問題だけでなく，バス運行ノウハウの欠如，将来のバスビジョンの欠如などを2004年3月までの短期間で対応することが必要であることもわかった。

2-2　雫石町生活交通対策提言委員会の設置

特定課題懇談会を受けて，2003年8月3日に「雫石町生活交通対策提言委員会」の初会合が開催されている。委員は，医療関係1名，福祉関係3名，商工関係2名，観光関係3名，教育関係2名，民生委員1名，そして一般公募4名の計16名であった。事務局からは，中屋敷十町長と上野寛二助役はじめ雫石町総合政策室が参加している。また岩手県立大学総合政策学部の元田良孝教授が政策アドバイザーとして参加している。元田教授が，「あねっこバス」の本格運行まで継続的に参加し，アドバイザーとして様々なサポートを続けていたことがうかがえる。この委員会は計3回開催されているが，全住民を対象にした生活交通に関するアンケート調査が必要であるという意見，他地域での事例をそのまま導入するのではなく，雫石には雫石のバス交通があってもいいし，それを成功させる方法を考えたいという意見，一度に全域に新しいバス交通システムを導入するのではなく段階的整備のほうが成功率が高い，といった核心的部分にふれるような意見が多く出されている[5]。そして，すでに導入済みの福島県小高町や四国中村市のデマンド方式は，高額の初期費用がかかっていることから，雫石ではなるべく初期費用をローコストで済ますシステムを考えるべきという意見も出ている。

2-3　雫石町生活交通対策庁内プロジェクトチームの設置

こうした意見は，雫石町生活交通対策庁内プロジェクトチームに引き継がれ

127

ていく。プロジェクトチームは，雫石町役場の住民課，総合政策室，総務課，学校教育課，福祉課，保健課，商工観光課からの7名と担当課4名で構成され，2003年10月23日から11月26日まで計5回の会合が行われている。まさに庁内職員による分野横断的プロジェクトチームであり，具体的な運行形態を検討するチームであった。このプロジェクトの目的は，「今までの町の交通体系を見直し，地域資源を最大限に活かした新たな生活交通を確保し，住みよいまちづくりを進めていくことを基本に，将来における本町の生活交通のあり方や今後目指すべき方向性を示した基本的指針の策定及びその具体的策を示した実施計画を策定する」（雫石町『わが町，雫石のこれからの生活交通ビジョン—これからの生活交通対策の方向性—』平成16年1月より）ことであった。

　プロジェクトチームでは，2003年9月に実施した雫石町生活交通動向調査（住民1,500名のうち1,345名から回収）の結果や雫石町生活交通対策提言委員会からの提言をもとに，生活交通バスの運行形態，運行主体を検討していった。そして最終的には，雫石町の住民を支える地域公共交通について前向きで具体的施策を示し公共交通施策を総合的かつ計画的に進めるためのビジョンが不可欠であるという結論になった。このビジョンが2003年12月9日に決定された『わが町，雫石のこれからの生活交通ビジョン—これからの生活交通対策の方向性—』である。このビジョン決定は，雫石町がどのような生活交通システムを新たに導入するかについての方向性が明確になったという意味でも大きな意味を持つ。

　このビジョンでは，1）生活交通の現状と課題，2）雫石町生活交通動向調査の結果を踏まえた生活交通に対する住民のニーズ，3）雫石町生活交通対策提言委員会からの提言，が述べられた後，最後にこれからの生活交通の目指すべき方向性として**図表7-3**のような5つの基本コンセプトと12の施策を提起している。

　5つの基本コンセプトのなかで特に注目すべきは，「地域資源を活かした交通手段の確保」という基本コンセプトに基づいて「NPOと地元企業との連携による輸送システムの導入」という施策が提示されている点である。すなわち

第7章　NPOと企業と行政の協働によるあねっこバスの運営

図表7-3　5つのコンセプトと12の施策

Ⅰ．交通弱者がいきいき暮らせる社会の創造	1．利用料金の低減化及びわかりやすい運賃体系の導入 2．NPOによるボランティア有償輸送システムの導入
Ⅱ．地域資源を活かした交通手段の確保	1．NPOと地元企業との連携による輸送システムの導入 2．人材の確保による雇用機会の確率 3．まちづくりとの連携による産業の活性化 4．生活交通確保に向けた推進体制の整備
Ⅲ．交通の結節点でのサービスと利便性の向上	1．JR電車と連結したバス運行時間帯の改善 2．通勤，通学輸送を重点化したサービスの拡大
Ⅳ．住民が自主的に参加するという住民意識の向上	1．生活交通の維持・活性化に向けた愛着心の醸成 2．住民意見の反映による生活交通対策への合意形成
Ⅴ．すべての人と環境にやさしいまちづくりへの配慮	1．公共交通施設や輸送バスのバリアフリー化の推進 2．地球環境への負荷の低減に向けた公共交通の利用促進

出所：『わが町，雫石のこれからの生活交通ビジョン―これからの生活交通対策の方向性―』
p.13。

「地域資源」を活かしながら，NPOをはじめとする地域住民，民間企業，行政が協働することで地域を運営することの重要性を喚起している。さらに3者が対等な立場のもとに協力し合う関係を築き，それぞれの役割を適切に果たしながら施策の実施に取り組むことが必要であるというビジョンになっている。このコンセプトと施策によって，どこが運営業務を担うかが明確になったと思われる。

　具体的には，運行主体は町内唯一の地元タクシー会社である有限会社雫石タクシーが担うことになり，運営業務は当時のいわてNPOセンターが担うことになった[6]。企業とNPOと行政の3者が協働して地域交通システムを推進することを明確にしたという意味でも，このビジョン策定の意味は非常に大きい。このビジョンのもと，タクシー車両による乗合輸送システムであるデマンドタクシーという運行形態が採用されることになった。

2-4　住民説明会と「あねっこバス」試験運行

　2004年３月９日から19日までの間に，「しずくいしデマンドタクシー運行事業」の導入について，町内74の全行政区を対象に説明会を開催している。この住民説明会は，デマンドタクシーという新しい地域交通システムを説明する場であると同時に，そのサービス改善のための住民の意見収集の場でもあった。説明会では，2004年３月中に全６路線を各１往復モデル運行し，町内老人クラブ会員の試乗も行う予定であること，2004年10月末まで岩手県交通㈱から無償貸与された仮停留所を使用すること，チケット販売の方法（回数券と定期券）などが案内された。利用料金は2005年３月末までは一般利用者は５km未満が300円，５km以上が400円，中高生及び65歳以上高齢者は一律200円，小学生は100円という基本料金であった。2005年４月からは，学生100円は変更なしで，一般，中高生，65歳以上高齢者は一律200円に変更されている。

　なおこの住民説明会とモデル運行は，行政とNPO法人いわてNPOセンターとが合同で実施している。住民説明会では，出席した住民と意見交換しながら全参加者にアンケート調査をしている。意見交換やアンケート調査そして３か月間の試験運行を通じて，多くの改善課題が見えてくることになる。企業と行政とNPOの３者が，「しずくいしデマンドタクシー」というシステムはあくまで未完成のバスシステムであり，完成度を高めるためにシステムの積極的改善を図ることが定着への近道であることを共有していたことが非常に重要なポイントである。

　実際に2004年４月から３か月のバス試験運行の結果わかったことは，利用者数が路線バス運行時よりも減少していることであった。この結果に危機感を抱いた行政等は，バス停の増設，路線の延長，１日４便から６便にダイヤの増加，病院役場等に予約専用無線を設置したり各商店で利用チケットの販売を行うことで予約のしづらさを解消するなど積極的に改善を図っていった。そして2004年６月からバス本格運行がスタートした。９月には市民公募により「あねっこバス」という名称が決定された。多くの応募があったなかで，前事務局長の堂

前氏の母親が出した「あねっこバス」という名称が採択されている。

2-5 運営主体としてのNPOの決定

あねっこバスの業務委託先は，2004年度はNPO法人いわてNPOセンターが担当し，2005年度からNPO法人しずくいし・いきいき暮らしネットワークが担当している。2003年に『わが町，雫石のこれからの生活交通ビジョン―これからの生活交通対策の方向性―』が出されて以降，NPOと地元企業との連携

図表7-4　あねっこバス

出所：雫石町役場提供資料。

による輸送システムの導入を具体的にどのように実現するかの検討がなされた。地元企業については有限会社雫石タクシーが担当することになる。1951年設立の雫石タクシー（代表取締役石塚昭）は，町内唯一の地元タクシー会社であり，既存のタクシー業務以外のビジネスに進出するチャンスであり，運行委託金というインセンティブも期待できることから連携には積極的であった（太田・山本　2008, p.13）。

　しかしNPO法人に関しては，その当時雫石町にはNPO法人は2つしかなく，2003年設立のNPO法人しずくいし・いきいき暮らしネットワークも当時認証審査中の団体であった[7]。もう一つはNPO法人リヴァーパーク葛根田（2003年10月設立）で，雫石町の河川と自然景観に親しむ多くの住民や来訪者が快適に河川敷を利用できるよう環境の美化保全を中心に活動するNPOである。

　NPO法人しずくいし・いきいき暮らしネットワークの目的は，雫石町の地域資源を活用して心の豊かな地域社会の構築を図ることであり，この目的を達成するために，(1)まちづくりを推進する事業，(2)芸術文化の振興を図る事業，(3)環境の保全を図る事業，(4)青少年の健全育成を図る事業，(5)コミュニティビジネスを創造する事業，(6)グリーン・ツーリズムを推進する事業，(7)NPO活動を普及支援する事業などを行う団体である。

　NPO法人しずくいし・いきいき暮らしネットワークは，設立当初の計画として年数回のチャリティライブぐらいであり，もともとバス事業に関する知識ノウハウがあったわけではない。行政からの働きかけがあったときも，民間バス会社の撤退による公共交通の変化については危機感を共有していたが，しずくいしデマンドタクシーの運行業務を担うことに対しては消極的であった（太田・山本　2008, p.12）。この状況に助け舟を出したのは中間支援組織のNPO法人いわてNPOセンターである。いきいき暮らしネットワークの堂前義信氏が，NPO法人いわてNPOセンターで1年間の研修の後，2005年4月からバス運営業務を担当することになった。

　NPO法人しずくいし・いきいき暮らしネットワークとしては，バス運賃収入が全てNPOの収入になり，直通電話やスタッフの人件費に充てることも可

第7章　NPOと企業と行政の協働によるあねっこバスの運営

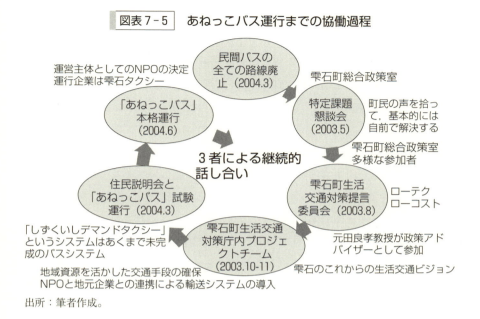

図表7-5　あねっこバス運行までの協働過程

出所：筆者作成。

能であり，活動資金にも充当できる。NPOならではの迅速なニーズ把握や苦情対応という強みを活かしたバス運行業務を基盤にして，現在はエコツーリズム，グリーン・ツーリズム，などの他，市民農園運営事業，そしてNPO設立運営相談事業などの中間支援事業も行っている。図表7-5は，あねっこバスが運行するまでの企業とNPOと行政の協働過程を表示した図である。

3 「あねっこバス」のビジネスモデル

まず2003年12月に決定されたビジョンにおいて，雫石地域に新しく導入する輸送システムは，地域に存在する既存資源を最大限活用することで必要最小限の初期投資にすることが確認されている。初期段階においてローコストでローテクの輸送システムへの共通理解がなされていたことは大きい。

すでに各地で導入されつつあるデマンドバスのシステムについては，2002年

に第1号の導入事例になった福島県小高町では年間経費2000万円であり，四国中村市のデマンド方式は初期投資が2億円であることが報告されている。そして自治体の面積規模を考えると雫石町で小高町や中村市と同じシステムを導入すると莫大な費用がかかることになり，IT活用よりも無線での代用が可能であるという意見が出されている（元田教授への質問への回答：2003年第2回雫石町生活交通提言委員会議事録）。最終的には，高額なITシステムを導入せずに，タクシー会社の無線システムとノウハウという既存資源を活用することになった。また停留所の案内板も岩手県交通㈱から無償貸与で使用していたが，現在は一部を除き停留所の表示は行っていない。図表7-6が「あねっこバス」のビジネスモデルである。

　最も特徴的なことは，企業とNPOと行政の3者が協働することでオンデマンド交通システムを実現していることである。まずNPO法人しずくいし・いきいき暮らしネットワークが，雫石町からバスの運営業務を委託することで運

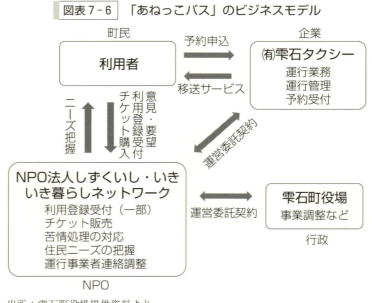

図表7-6　「あねっこバス」のビジネスモデル

出所：雫石町役場提供資料より。

第7章　NPOと企業と行政の協働によるあねっこバスの運営

営主体になっている。運営委託金額は，2014年度が3672万円，2015年度が3645万円，2016年度が4563万円，2017年度が4568万4,000円である。2015年度から2016年度に増額しているのは2路線増線したためである。

そしてNPO法人が，有限会社雫石タクシーに「あねっこバス」運行業務を委託している。運行委託金額は，2014年度が3477万1,680円，2015年度が3280万5,000円，2016年度が4106万7,000円，2017年度が4230万円である。2015年度から2016年度に増額しているのは2路線増線したためである。またチケット販売収入の全ては運営主体であるNPO法人しずくいし・いきいき暮らしネットワークが受領する仕組みである。ちなみに過去3年間の販売金額は，2014年度が424万3,700円，2015年度が397万7,400円，2016年度が425万7,500円である[8]。

企業側として運行業務を担当する有限会社雫石タクシーは，9人乗りジャンボ車両3台，4人乗り小型車両4台で運行している。運行路線は全6路線（御明神線，西山線，西根線，小岩井線，鴬宿線，大村線）で，平日は全路線とも平日午前7時〜午後7時30分まで6往復，土日祝祭日は3往復で定められた時刻表にもとづいて運行している。電話による予約制で，乗車希望便発車時刻の30分前までに予約申し込みをする。予約の際には，氏名，路線名，乗車希望便名，乗車停留所，目的地の停留所を伝える。また受話器を上げるだけで予約センターにつながる「あねっこバス予約専用無料電話」も町内4か所に設置されている。予約がない場合は運行無しということで，効率的な運行体制を維持している。支払方法はチケットによる清算方式と定期券方式がある。2004年までは利用登録制度があったが，利用登録の煩雑さ等を解消するために2005年に廃止し，現在は小学生以下のみ利用登録が必要になっている。利用料金も路線ごとに一律200円（小学生は100円）に統一されている。なお車両や無線電話の購入補助として，岩手県市町村振興交付金や岩手県市町村総合補助金も活用している。

こうした3者協働のビジネスモデルは，3者それぞれの強みを活かしながら独自のインセンティブも享受できるという意味ではWin-Win-Winのモデルである。NPO法人にとっては，チケット販売や定期券販売を通じて市民の要望や

135

隠れたニーズを把握することができるという強みがある。さらにチケット販売は全てNPO法人の収入になることから，人件費や活動費に充当できるというメリットもある。さらにデマンドバス事業で得た知識ノウハウをもとに，事業型NPOとしてさらに事業拡大するチャンスを広げることにつながる。

　企業側の雫石タクシーにとっては，既存のタクシー事業の他にデマンドバス事業に関わることで，毎年一定額の運行委託金が入ってくるというメリットがある。これは企業にとっては大きなビジネスチャンスであり，初期の段階から積極的に協働に参画している。当然のことながら，タクシー事業で培った予約受付ノウハウ，運行業務などはあねっこバス事業にも応用可能である。

　そして行政側の雫石町役場は，住民サービスという点からも不可欠な地域交通システムを裏からサポートしながら，定期的に3者間で打合せをすることで事業システムの改善やサービスの向上を図ることが可能になる。3者での打合せの現状について行政の担当者は次のように話している。

　「それこそ住民から要望が結構来ますので，早急に対応しなければいけないような案件については，その都度，情報を提供しながら，当然，集まりを持つようにしていますし，何もなくても。……一応，4半期に1回ずつは集まっています。意見や要望については，役場に直接来ることもありますし，運転手さんから直接声が上がることもあるし，さまざまですので，その辺はお互いに情報交換しながらやっておりました。」（雫石町町民課　橘拓也氏）

4　「あねっこバス」の効果

　図表7-7はあねっこバスの年度ごとの利用者数の推移であるが，試験運行をスタートした2004年は21,437名であり，1日平均利用者数は86.8人であった。しかし2005年7月から土日祝祭日も運行開始になったこと[9]，路線延長やバス停増設，ダイヤの増便，予約のしづらさの改善，さらにはPR効果もあり2005年は29,928名に増加している。1日平均利用者数は89.3人になった。平日のみの1日平均利用者数は111.1人と急増している。それ以降利用者数は増加し，

第7章　NPOと企業と行政の協働によるあねっこバスの運営

利用者数が最大になったのは2007年で32,500人，平日の1日平均利用者数は116.9人という結果になった。ただそれ以降は逓減傾向が続き，2016年は22,558名で平日1日平均利用者数は79.4人になっている。利用者数の逓減の背景には，雫石町の人口減少や高齢化の進展等様々な要因が考えられるが，まだ多くの住民の「生活の足」として重要な役割を果たしていることがうかがえる。

あねっこバスの運行コストについては，導入時からローテクでローコストを基本にしている。通信に既存のタクシー無線を利用することで通信コストがかなり低く抑えられている。さらにオペレーターの人件費も低く抑えられている。このように運行コストを低く抑えながら一定数の利用者数を維持しているという意味では，導入後12年にわたり地域ニーズに応えるような交通サービスを提供してきたといえる。今後の課題としては，利用者の拡大をどのように図って

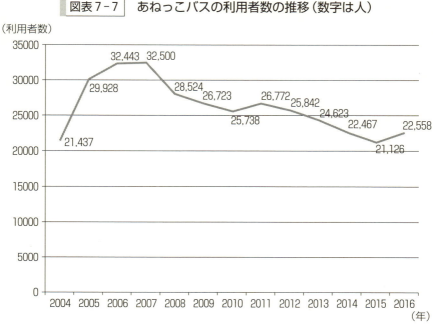

図表7-7　あねっこバスの利用者数の推移（数字は人）

出所：雫石町役場提供資料より。

いくかという根本的テーマを考えながら，住民のニーズに対応するためのデマンド型バス運行システムの変更を長期的に試行していく必要がある。

5　地域協働と「あねっこバス」

　すでにこれまで強調してきたように，「あねっこバス」という地域交通システムは，9か月という短い期間のなかで雫石町の町民が自ら議論に参加し，提案を行い実行に向けて努力したことで生まれた地域総参加の交通システムである。このことは，特定課題懇談会→雫石町生活交通対策提言委員会→雫石町生活交通対策庁内プロジェクトチーム→住民説明会と「あねっこバス」試験運行→「あねっこバス」本格運行，という経緯のなかで多くの市民の声が反映されたことからもうかがえる。まさに「自分たちのまちの問題は自分たちで考える」ことを実践した事例である。

　2004年3月をもって民間バスの全ての路線廃止という状況において，今後の対策を考えるために外部のシンクタンクやコンサルティング業者に委託するという選択肢も想定可能であった。またすでに多くの地域で導入済みのデマンドバス（DRT）という地域交通システムを雫石町にコピーするという選択肢もあったと思われる。しかし雫石町はそういう選択肢を取らずに，自分たちの町に相応しい交通システムを構想し実現していった。

　こうした過程について，雫石町生活交通対策提言委員会に一般公募で参加した4人の一人である原ゆかり氏は以下のように述べている。

　「委員会に出て，これまで県交通が運営してきた町内の八つのバス路線が全部廃止になると聞いたときは，本当に驚きました。でも今思うと，路線バスに代わる生活の足を自分たちで考え出すしかないという背水の陣で臨んだことで，素晴らしいアイデアが生まれたような気がします。」

　「今までは人任せでしたから，委員会に参加して初めはとまどうことばかりでした。でも，委員の方々や商工会，役場のみなさんの熱意に触れて，勇気をもらいました。おいしい水と空気，米と野菜，そして温泉。雫石はいいものが

第7章　NPOと企業と行政の協働によるあねっこバスの運営

図表7-8　しずくいしデマンド・タクシーのスタッフ（開設初期）

出所：「共治の担い手たち：背水の陣から生れた『しずくいしデマンド・タクシー』」『雫の恵み』（雫石町勢要覧）p.23。

いっぱいあります。自分たちがもっているいいものを出し合えば，町内のあちこちに湧き出している温泉のように希望が湧いてくると思います。」『背水の陣から生れた「しずくいしデマンド・タクシー」』((共治の担い手たち：官治から共治への変革)『雫の恵み』（雫石町勢要覧）p.22)

　また太田・山本（2008）は，「あねっこバス」は多様な主体の地域協働によって地域公共交通ガバナンスが成立した事例であり，3つの要件が大きく影響したことを述べている。第一の要件は対等な関係の構築であり，第二の要件は共有意識（目的）の保持であり，第三は共有意識（目標）と連動したインセンティブの設定である。第一の対等な関係の構築については，①行政の押し付けで役割分担をするのではなく，それぞれの強みを活かせる役割分担を目指したこと，②いわてNPOセンターという中間支援組織との連携で住民組織のエンパワーメントを図ったこと，③行政がNPOと密接にかかわりバスサービスの改善やPRを行ったこと，④利害調整が必要なバスサービスの改善に際してNPOと事業者（タクシー会社）と協議しコンセンサスを得てから必要な措置を講じたこと，の4つを挙げている。

また第二の要件である共有意識（目的）の保持については，最初の3か月間の試験運行の際に利用者が落ち込んだ経験から，現行のシステムはあくまで未完成のバスシステムであり，完成度を高めるためにはサービスの積極的改善を図ることが定着への近道であることを3者が共有していたことが大きい。

　第三の共有意識（目標）と連動したインセンティブの設定については，あねっこバスのチケット販売は全てNPO法人の収入になるという仕組みであり，バスサービスを改善しバス利用者を増加させることがインセンティブにつながることになる。

　太田・山本（2008）が指摘した3つの要因は，まさにクロスセクター地域協働の成功要件でもあり，対等性と目的の共有と実行のインセンティブが地域協働の成功要件であることを示している[10]。

　また，あねっこバスの導入の初期の段階から政策アドバイザーとして関与してきた岩手県立大学総合政策学部の元田良孝教授は，その当時を振り返って以下のように述べている。「当時はデマンドバスがはやりとなっていましたが，意味のない高価なソフトを用いる例が後を絶たず，低コストでできないかと思い町の人と相談しながらシステムを構築しました。それなりに成功したと思っています。最近の状況は承知しておりませんが，10年以上基本的なシステムが変わっておらず，見直しが必要と思って町にも提案をしていましたが，どの程度実現したかわかりません。町の最初の担当者の山口さんが非常に熱心で，彼の尽力でできたと言っても過言ではありません。ただ，どこの地域交通も同じですが，担当者が変わると後退する例が多く，雫石町もその例外ではありませんでした。」（元田良孝氏へのインタビュー調査，2017年12月18日）

　元田良孝教授は，あねっこバス導入に関して，「最初の担当者（山口氏ほか）が，他地域での成功事例をそのまま導入することをしないで，自分の頭で考え実行することに徹したことが最も大きな成功要因ではないか」と述べている（元田良孝氏へのインタビュー調査，2017年12月18日）。

　今後の課題として以下の3つを挙げておくことにする。第一はクロスセクター地域協働のパートナーの一つである行政側の問題である。雫石町生活交通

第7章　NPOと企業と行政の協働によるあねっこバスの運営

対策提言委員会での議論を経て雫石町生活交通対策庁内プロジェクトチームが
動き出し，最終的に雫石独自の交通システムである「あねっこバス」が運行す
るまで雫石町役場の総合政策室のメンバーが裏方として様々なサポートをして
いる。そして2004年6月本格運行以降も町民課のスタッフがNPOと企業との
日常的調整を継続している。町役場内での人事異動もあり現在までに担当者は
3－4人交代しているが，地域交通に関して未経験のままに担当になるケース
がほとんどである。そして担当者によって協働に対する姿勢やスタンスはかな
り違うことも事実である。こうした協働の現状について橘拓也氏は以下のよう
に述べている。

　「どこの自治体もそうだと思いますけれども，生活交通の分野に精通してい
る職員というのは少ないのが現状だと思います。加えて，地方になればなるほ
どマイカー依存が顕著なので，現在公共交通が抱える問題を危機感として捉え
てこられなかったのも事実だと思います。今，住民との協働の部分については，
あらゆる分野で進められていますが，生活交通の分野は，自分や家族の生活の
足に直結してくることなので，身近な問題として関わりやすかったと思います。
行政と住民が同じ目線で関わり，問題を共有し解決していく，協働の精神はま
ちづくりには必要不可欠だと思っています。」

　こうした状況のなかで，行政が信頼関係をもとにNPOや企業との日常的調
整をどのように継続していくかが今後の課題である。

　第二は企業側の雫石タクシー側の課題である。雫石タクシー側としては，既
存のタクシー事業の他にデマンドバス事業に関わることで，毎年一定額の運行
委託金が入ってくるというメリットがある。ただバスサービスの中身をどのよ
うに改善するかによって，様々なひずみが発生することも考えられる。例えば，
究極的には「ドアツードア・サービスという方法も考えられるが，タクシーさ
んには，ぎりぎりのところで頑張ってもらってお願いしている部分もあるので，
どこか利便性を上げる代わりに，どこかのサービスは我慢してもらわなければ
いけない部分が当然出てくることになる。要はどのサービスに重点を置くのか
を十分に検討し，理解を求めていく必要がある。」（雫石町町民課　橘拓也氏）

141

第三はNPO側の課題である。NPO法人しずくいし・いきいき暮らしネットワークが「あねっこバス」運営の中心的役割を果たすという全国でも珍しい運営方式であるが，メリットしては行政よりも住民により近いNPOに運営業務を委託することで，住民からの意見や要望に迅速に対応できること，販売収入がそのままNPOの財源になり，儲けた分でより良いサービスの向上そして利用者増につながること，などが指摘できる。まさに事業型NPOへの脱皮の成功例といえる。しかしNPOとしての事業を拡大していく中で，全体の事業の半分を占める「あねっこバス」運営事業を2人のスタッフで処理している現状は改善の余地がありそうである。

いずれにしても，地域の持続可能な運行システムを維持していくためには，民間のバス事業だけに頼るのではなく，行政と企業とNPOが協働しながらバス運営をデザインし実行することが必要である。あねっこバスの運行システムは，隣接する仙北市のデマンド型乗り合いタクシーのモデルにもなり，さらに多くの地域での導入という波及効果をもたらしている[11]。

（謝辞）

業務多忙の中インタビュー調査（2017年8月22日しずくいし・いきいき暮らしネットワーク事務所）に協力いただいた岩手県雫石町町民課橘拓也氏，特定非営利活動法人しずくいし・いきいき暮らしネットワーク小田島陽子氏，浦田奈々氏，有限会社雫石タクシー所長高橋勝行氏に感謝を述べる。また橘拓也氏には，原稿のチェックや資料等の提供なども受けた。さらに元田良孝教授（元岩手県立大学総合政策学部）にも，原稿を読んでいただき有益なコメントを頂き，インタビュー調査（2017年12月18日）にも協力いただいた。改めて感謝を述べる。本研究は科研費（課題番号15K03631）の助成を受けている。なお本章は，佐々木利廣（2018）「NPOと企業と行政の協働によるあねっこバスの運営」『京都マネジメントレビュー』経営学部50周年記念号を大幅に加筆したものである。

第7章　NPOと企業と行政の協働によるあねっこバスの運営

〈注〉

1　全国デマンド交通システム導入機関連絡協議会
　http://www.demand-kyougikai.jp/intro/results.html より（2017年8月18日参照）。

2　企業とNPOと行政の3者の協働による地域交通システムの運営事例は全国でも珍しく，2004年導入時から現在まで多くの自治体関係者他が視察に訪れているという。

3　「特定課題懇談会における住民意見」平成15年度特定課題懇談会『わが町の生活路線バスのあり方を考える』2003年5月31日。

4　長年にわたり質の高い地域交通についての調査研究と社会貢献活動を行ってきた岩手県立大学総合政策学部の元田良孝教授が政策アドバイザーとして参加したことが，あねっこバス運行にとって大きなポイントになっている。なお元田良孝教授は2016年3月に岩手県立大学を定年退職している。

5　『第1回第2回第3回雫石町生活交通提言委員会会議顛末』平成15年8月3日から。

6　岩手県最大規模の中間支援組織であるいわてNPOセンターは，新しい公共の創造に向け，時代を変革する市民活動の実践と支援をミッションに掲げ，様々な活動を展開していたが，2010年に組織の不祥事により破綻している。

7　NPOを育てたいという行政側の思いもあり，あねっこバスの協働メンバーとしてNPO法人しずくいし・いきいき暮らしネットワークが関与することになった（元田良孝氏へのインタビュー調査より）。

8　こうしたデータは，平成29年度生活交通対策資料「あねっこバス」運行事業，岩手県雫石町を参考にした。

9　土日運行は議会からの要請によりスタートした。

10　佐々木利廣他（2009）『組織間コラボレーション』ナカニシヤ出版，第1章参照。

11　仙北市では，2007年10月からデマンド型乗り合いタクシーの試験運行をスタートしているが，運行の手本にしたのが雫石町での試みであった。今後は，こうしたビジネスモデルのスケールアウトの過程を調査するつもりである。

〈参考文献〉

太田幸司・山本信次（2008）「農山村地域における多様な主体の協働による市町村交通サービスの在り方―岩手県雫石町『あねっこバス』を事例として」『林業経済研究』第54巻第3号，pp.7-18。

「共治の担い手たち：背水の陣から生れた『しずくいしデマンド・タクシー』」『雫の恵み』（雫石町勢要覧）pp.22-23。

雫石町『平成29年度生活交通対策資料「あねっこバス」運行事業』岩手県雫石町。

全国デマンド交通システム導入機関連絡協議会HP。

143

元田良孝（2008）「自治体の公共交通政策の課題と展望」『地方自治職員研修』第41巻No.7，pp.17-19。

元田良孝・宇佐美誠史・上路幸奈「雫石あねっこバスの経年評価―運転免許保有利用者の動向―」第69回土木学会年次学術講演会講演概要集，2014年9月。

元田良孝・髙嶋裕一・宇佐美誠史・金田一真矢「DRT（デマンドバス）に関する幾つかの考察」PDFファイル。

山口善英・元田良孝・宇佐美誠史・古関潤「デマンドバスはITか。雫石あねっこバスの事例研究」第33回土木計画学研究講演集，2006年6月。

『わが町，雫石のこれからの生活交通ビジョン―これからの生活交通対策の方向性』2004年1月，岩手県雫石町。

第 | 8 | 章

協働における
中間支援組織の機能

1　はじめに

　近年，少子高齢化や環境悪化等の多くの社会課題が表出してきている。その課題解決に向けて，NPO[1]と行政と企業といった異なるセクターが協働することが求められることが多くなってきた。（佐々木ほか　2009等）。特にNPOに対しては，他セクターとのつながりを期待する声が多い。内閣府の平成25年度「NPO法人に関する世論調査」では，社会のニーズや課題に対して，市民自らが自主的に集まって取り組むことは大切だと回答した比率が91.6％と非常に期待が大きい。さらにNPO法人に期待する役割として，「人と人との新しいつながりを作る」と回答した人が37.3％と全ての回答項目で最も高い数値になった。このように市民がNPOに対して多様なつながりを期待する一方で，現実には異種セクター間の協働が進んでいない現状がある。日本経済団体連合会（2012）「2011年度社会貢献活動実績調査結果」によれば，NPOと接点がある企業は75％であるが，実際に協働で活動したことがある企業は52％と20％以上ダウンしてしまう。また，市民レベルにおいては，内閣府平成28年度「市民の社会貢献に関する実態調査」に見るように，市民がNPOに寄付する際の阻害要因として，寄付先の情報不足および不信感がトータルで69.5％にのぼり，各セクター間の

145 •

情報不足や信頼関係の欠如が協働の促進を大きく妨げている現状がうかがえる。

　このような組織間のギャップを埋め，協働を円滑に進める主体として期待されるのが，いわゆる中間支援組織と呼ばれる組織である。そこで，日本で代表的な中間支援組織である認定特定非営利活動法人大阪NPOセンターと支援対象組織の関係性の変化を中心に検討を加える。このときの分析のポイントは，中間支援組織と支援対象組織の間の関係性を強固にすることだけがベストな方法ではなく，むしろ関係性を弱めることや絶ち切ることの重要性を強調したいという点である。

2　中間支援組織に関するこれまでの理論

　はじめに中間支援組織の定義について検討しておくことにする。内閣府（2011）は中間支援組織について以下のような定義づけを行っている。「中間支援組織とは，市民，NPO，企業，行政等の間にたって様々な活動を支援する組織であり，市民等の主体で設立された，NPO等へのコンサルテーションや情報提供などの支援の仲介，政策提言等を行う組織を言う。中間支援組織自らがNPO等である場合もある。」この定義からは，中間支援組織は多様なセクターの活動へ支援をすることから，他の組織よりかなり広範囲の組織と接点を持っていることがうかがい知れる。しかし，その一方でNPO等が支援対象の中心となる考えも盛り込まれているため，むしろ他セクターとの連携がNPOを効果的に支援するために必要であるという定義と考えられる。続いて中間支援組織の持つ多様な機能について，これまでどのような議論が行われてきたかを一瞥しておく。

　田中（2005, p.19）は，中間支援組織の機能について以下のように論じている。「資源提供者と非営利組織の間で資源提供が行われる際に，その阻害要因となっている両者への負荷，すなわちトランザクション・コストを軽減する機能を有する媒介（インターミディアリ）を意図的・計画的に設定することによって両者間の資源提供を円滑にし，また促進することが可能になる。」田中は，

第8章　協働における中間支援組織の機能

中間支援組織の分析にトランザクション・コストを援用することでNPO間の関係構築を促進するコスト低減効果について論じ，またその削減効果についても実証している。確かにコストを軽減するという点においては，例えば集合オフィスのようなハード面を整備することで，個々の組織が負担すべきコストについて軽減を図ることができる。あるいは，広報手段を共有化することによって効果的かつ効率的に広報することが可能となる。また，その取りまとめを行う立場として，中間支援組織が持つ機能は非常に有効であると考えられる。

　また吉田（2004）は中間支援組織の概念には，ある種の曖昧性があることを指摘している。すなわち，「曖昧性の原因としては，まず，NPO支援を行う組織と，その活動の場としての施設とが区別されていない，あるいは区別し難いという点が挙げられる。」この言及は，施設というハード面とNPO支援というソフト面を切り分けて議論することの重要性を指摘していると考えられる。現在日本の中間支援組織においては，施設の管理・運営を中心として組織が形成されていることが多い。全国の535団体ある中間支援組織のうちで31.8％が行政が設置して民間が運営する，いわゆる公設民営型の中間支援組織である[2]。その多くは，行政から何らかの施設の提供を受け，そこを拠点に活動を展開している。そのために施設の運営そのものに中間支援組織の労力がとられているのが現状である。そもそも中間支援組織は，「何か」と「何か」の中間に位置して様々な支援を行うことが本来の役割であるが，この考えによって中間の位置＝拠点という発想に陥りがちになる。そこで，あえて施設管理とNPO支援を切り分けることによって中間支援組織の果たすべき機能について分析しようとしたことは非常に重要な指摘である。

　しかしこの関係性からは，あくまでも支援する側の中間支援組織と支援される側のNPOという関係が確立されてしまい，対等な関係というよりは主従的な関係というイメージを持たれる危惧がある。吉田（2003, p.340）の議論は，新制度派組織論の同型化論を援用しながら中間支援組織の正統性を主張することでNPOの参画促進を論じている部分もあり，単なる支援する側とされる側だけの関係性にとどまらないような配慮がなされている。確かに経済性のみで

147

関係性が構築されやすい営利企業等と異なり，NPOはそれぞれの組織のミッション達成に必要だと感じた時点で組織間関係が構築される。当然その組織のミッションの達成を支援するのが中間支援組織の役割ではあるが，その支援を受け入れてもらうためには，中間支援組織の正統性をいかに主張するかも必要な機能とされる。中間支援組織にとって，この正統性機能は非常に重要である。

　また松井（2012, p.12）は，ハード面による機能を中心に行い，そこから必要となる中間支援組織において必要とされる機能について，以下の4つの要件でまとめている。

①NPO・NGOや地域の市民活動団体等を支援する「中間支援」を主たる目的とするNPO（全国レベルで活動している団体を除く）

②自治体が設置した中間支援施設（市民活動センター等）の業務運営の管理団体[3]（指定管理者，自治体等）

③支援する分野を特定しない

④常設の事務所があるもの

　そして，以上の要件の中で①③④，②③④，①②③④のいずれかの条件を満たすものを中間支援組織と考えている。

　このなかで③と④の項目は必須条件としており，その必須条件に加え，①もしくは②あるいはその両方の機能を持つことが中間支援組織の機能と考えているところが非常に興味深い。拠点を持つことは，ある意味「何か」と「何か」をつなぐという点ではわかりやすいかもしれない。実際に全国の中間支援組織の47.1％が公設民営型の組織であることからも無視することはできない項目の一つである。その上で，拠点としてどのような機能が必要なのかを注意深く議論する必要がある。当然，拠点においてどのような機能が必要なのかを明らかにしながら，その機能を果たすための拠点を設けるというのが正当なプロセスである。しかし実際には，行政の遊休施設を拠点に転用することが多く，その施設がすでに有している機能を中間支援組織が運用する機能へとどのように変化させるかという，ある種の制約条件の中で設置されることが多い。そのため，市民活動の拠点を標榜しながらも，バリアフリー化が全くされていない例や，

第8章　協働における中間支援組織の機能

開かれたスペースであるはずがセキュリティの都合上常に入室するのにチェックを受けるような拠点も存在している[4]。

このような既存施設の利活用という傾向は，今後も続くと予想されることから，中間支援組織が運営する拠点の本来的機能はこうあるべきだというモデルを提示することは有意義だと思われる。しかし，あくまでも物理的拠点は中間支援組織にとってミッション達成のため手段に過ぎず，その手段と目的の倒置が起きないような配慮が必要である。

続いて今枝（2012, p.69）は，「中間支援組織は主として『地域の非営利組織の育成』，『地域でのネットワークづくり』，『非営利組織活動に関する一般社会への啓発』等を使命として活動としている。」としており，支援内容の中身に踏み込んだかたちでの議論を行っている。この議論によれば，組織間関係の構築のみならず，セクター全体や社会全体といった面的側面で果たす中間支援組織について明らかにしている。また，組織間関係を促進する上で評価の重要性を指摘しており，中間支援組織の評価機能という点に注目する必要があることを示唆している。

これまで中間支援組織の持つトランザクション・コスト低減機能，正統性機能，施設管理機能，評価機能などについて既存の研究を紹介してきた。このように中間支援組織に特化して理論的枠組みを構築しようとする研究は，数は少ないながらも続けられている。しかし，いずれの議論も中間支援組織が持つ機能についてその組織内構造からの分析であり，中間支援組織と他組織との関係性について触れている研究は少ない。中間支援組織について議論するとき，他の組織との組織間関係をどのように構築していくかは非常に重要である。中間支援組織という名称が表すように「何か」と「何か」の中間に位置するからこそ中間支援組織と呼ばれる。言い換えれば，その「何か」との組織間関係なくしては中間支援組織の存在意義を失うといっても過言ではない。次節ではこの「何か」と「何か」を結ぶ中間支援組織がなぜ存在し，そしてどのような関係性を用いながら組織を運営しているのかについてこれまでとは違った視点つまり，組織間関係から中間支援組織の機能の分析を試みることにする。こうした

検討によって，NPOと中間支援組織との関係や社会と中間支援組織との関係という側面からも中間支援組織の持つ機能を明らかにしていく。

3　組織間関係論から見た中間支援組織

「何か」と「何か」を結ぶことが重要な役割である中間支援組織にとって，他組織との関係構築は非常に重要な機能である。特に支援対象である組織との関係性変化は，支援される組織のみならず中間支援組織自身も影響を受けており，その関係性が双方に影響を与えている。その視点から考えると組織間関係論の理論が援用できると考えられる。その組織間関係論において重要な要素として認識されている境界連結単位について注目し，中間支援組織の機能を分析してみる。佐々木（1990, p.77）は「組織と環境の接点に位置し，外部からの情報，価値，文化を組織内意思決定中枢に転送しながら，組織を代表してさまざまなかたちで環境に働きかけるような個人ないしグループを境界連結単位（boundary spanning units）とよぶ」として境界連結単位に関する整理を行っている。この概念を用いて中間支援組織について検討してみる。境界連結単位は，組織と環境の接点に常に位置することを宿命づけられているといっても過言ではない。同様に中間支援組織もまた「何か」と「何か」の中間に位置していることが中間支援組織と呼ばれる所以であり，常にどこかとの接点を意図的に持つことを模索している。さらに単に位置するだけに終わらず，そこに意図的にとどまるという点で他の組織より強固な連結関係を構築しようとする。また外部からの情報や価値や文化を積極的に取り込み，それを組織内で咀嚼し，さらには新たな情報や価値や文化を創出し，それを組織の代表のみならずそのセクターの代表さらにはその社会の代表として環境に対する働きかけを常に行っている。この点からいえば，中間支援組織は境界連結単位としての要素を含みながらも，さらに発展したかたちでの圏域連結単位といった用語で表現可能な機能を果たしている。

ネットワークという概念も組織間関係を議論する際に多くの議論がなされて

第8章　協働における中間支援組織の機能

きた。Aldrich, H. and Whetten, D. A.（1981, p.387）はネットワークを「ある
タイプの関係によって連結されるあらゆる単位の全体」と定義し，組織セット
とアクションセットの上位概念として組織間ネットワークを捉えている。
Paulson, S. K.（1985, pp.105-126）は，組織セット，アクションセット，グロー
バル・セットの上位概念として組織ネットワークを規定している。この視点は
経時的経過のなかで組織間関係を捉えるという視点であり，中間支援組織にお
けるネットワーク構築のプロセスを理解する上で非常に有効な考え方である。
特に中間支援組織においては，組織セットとアクションセットとネットワーク
のうちのどの戦略にウェイトをおいているかを分析することが必要である。こ
うした用語で示される全ての戦略は中間支援組織に存在するけれども，対峙す
る環境（もしくは境界）のなかで，こうした戦略の優先順位を刻々と変化させ
ることが他の組織以上に意図的に行われている。

　またMiles, R. E. and Snow, C. S.（1984, p.27）（1986, p.62）は，21世紀の新し
い組織形態としてダイナミック・ネットワークという概念を提示している。そ
してダイナミック・ネットワークの特徴として，垂直的分離，ブローカー
（brokers），マーケット・メカニズム，完全な情報公開の4つを挙げている。
またブローカー（brokers）関しては，設計者，生産者，サプライヤー，ディ
ストリビューターといった事業グループはブローカーによって調整されるとい
う。このブローカーの役割は，まさに中間支援組織と捉えることができる[5]。
松本（2011, p.26）は，中間支援組織をソーシャル・ブローカーと捉え，一般
的なブローカーとは一線を画したかたちでの理論化を試みている。前者は，組
織間で発生するコンフリクトを解消する，あるいは発生しそうな問題解決の仲
介者として捉えられる一方，後者はそれぞれの組織特性の多様性を容認し，コ
ンフリクトの解消とともに新たな価値を見出して，物象化して境界を移動する
物（boundary object）を創造する仲介者として捉えている点が大きく異なる。
問題解決と社会変革という二側面を持つ中間支援組織にとって，この理論化は
非常に重要だと考える。

　さらに佐々木（1990, pp.87-90）は，境界連結単位の議論の拡大可能性とし

151

て以下の３つの代替案を提示している。第一の道は，境界連結機能の類型化を
もとに境界連結単位の創造マネジメントに影響を及ぼす要因を抽出しながら，
その影響関係を分析していくという視点である。第二の道は，複数の組織の境
界連結単位を横断するような現象を対象にして境界連結単位間の関連を直接扱
おうという視点である。そして第三の道は，調整組織あるいは調整組織内の境
界連結単位を中心に分析していく視点である。

　この３つの視点から中間支援組織のフレームワークを検討する場合，３番目
の視点が有効と考えられる。この調整組織という視点については，調整組織は
単なる情報の連絡役から公式権限による統制に近いものまで広範囲である。
Whetten, D. A.（1981, pp.11-13）やMulford, C. & Rogers, D. L.（1982, pp.17-19）
は，この調整組織を(1)相互適合型（mutual adjustment）(2)連盟型（alliance）
(3)法人型（corporate）の３つに区別している。この区別を用いて，中間支援
組織の分類を行う。

3-1　相互適合型

　このパターンは，組織間の連結度合いが最も弱く，各個別組織の自律性を最
大限に尊重するパターンである。各組織がそれぞれの目的達成のために活動し
ており，情報による組織間の相互期待によって組織間の調整が行われる。これ
を中間支援組織に当てはめて考えると，行政主体ではなく，民間が主体となっ
た中間支援組織の設立当初は，この型に属すると考えられる。あくまでも支援
されるNPOと支援する中間支援組織の利害関係が一致した時にその関係性が
構築される。

3-2　連盟型

　このパターンは個別組織の自律性を尊重しながらも組織間関係全体の目標を
達成しようとするかたちであり，最も一般的な調整組織を指している。連盟型
は，さらに①連合型，②自発・参加的連邦型，③自発・独立的連邦型，④他者
関与的連邦型の４つに分類される。この中で①連合型は調整組織が存在せず，

・152

第8章　協働における中間支援組織の機能

②自発・参加的連邦型は中心的な役割を担う調整組織が生成され，③自発・独立的連邦型では調整組織が独立した状態になる。そして，④他者関与的連邦型は調整組織以外の組織のパワーを活かして調整活動を行っている。

　この分類をもとに中間支援組織の機能を検討すると，民間が設置・運営するいわゆる民設民営で運営している中間支援組織は②自発・参加的連邦もしくは③自発・独立的連邦の機能を持つことが多い。それに対して公設民営の中間支援組織では，④他者関与的連邦の機能を保有していることが多い。連盟型の前提として組織間関係全体に共有する目標が存在し，その目標達成過程において調整機関が生成すると考えているが，NPOの場合はそれぞれが独立した目標を持ち，それを達成するために自律性を重視した運営が行われているため，組織間関係全体の共通目標を持つことが難しい。さらに中間支援組織自体がNPOと共有できるような目標設定をしているところが少ない。こうした理由から，実質的には①連合型の後期，あるいは②自発・参加的連邦型の初期段階の機能しか果たしていないことが多い。

　また④他者関与的連邦型の第三者組織として考えられるのが行政であり，その影響力がかなり大きなウェイトを占めていることから結果的に中間支援組織に大きな調整能力があると過大評価されている。中間支援組織と行政とのパワーバランスや調整能力を見極めながら，中間支援組織が持つ独自の調整能力を抽出する作業が必要と考えられる。

3-3　法人型

　これは公式権限を持ち組織間関係全体の目標の達成を目指して機能するような調整組織のことを指す。このタイプではルールや手続きなど公式的方法を用いて他の組織と連結し，組織間関係全体を代表して様々な境界連結機能を果たし，個別組織の行動を監視し評価する。この機能を持つ中間支援組織は，主に行政が設置・運営するいわゆる公設公営の中間支援組織であり，例えばNPO法人の認証業務等の機能を保有していれば，NPO法人格の認証や取消等を権限によって行うことができる。しかし支援機能と認証機能という二律背反の機

153

能を持つことから，相反する機能を両立させるということが非常に難しくなる。多様で個別的な支援機能を求められる一方で，全く相反する公平性を必要とする認証業務も果たす必要があるからである。NPO自体はミッションに依拠した組織体であり，個人の自発性によるところが大きい。そうした構成の組織体に対して，公式的方法によるアプローチはむしろ拒絶される可能性が高く，場合によっては反勢力になることもある。共有の目標を持つことが難しいということも一つの要因ではあるが，それ以外にも自律性の高い組織間を連結する機能が，調整機関に必要になるのではないか。それはファシリテーションやコーディネーションといった組織の自律性を尊重しつつも一つの方向性に自然と導かれていくような手法であるかもしれない。公式と非公式の両面のアプローチを駆使しつつも，そのアプローチにある意味であまり気付かれずに行使されているような状況である。そのために常に対象となる組織の変化を観察し，タイミング良くアプローチをして，組織自らが発見したような状況を作り出すという，ある意味で高次元の機能が必要となる。

　このように調整組織の分類をもとに中間支援組織についての機能の考察を行い，中間支援組織の類型によってその発展プロセスの違いをある程度明らかにすることができた。その違いを整理すると**図表8-1**のようになる。この図表8-1をもとにすると，これまでの議論では(1)相互適合型から(3)法人型への移行を調整機関の組織化が進む段階と捉えている。しかし中間支援組織の機能を考えると(1)相互適合型から(3)法人型への移行のみならず，(3)法人型から(1)相互適合型，(1)相互適合型や(2)連盟型から(1)相互適合型や(3)法人型への分散など，多くの生成変化プロセスのパターンを観察することができる。こうした多様なパターンの生成プロセス以外にも最近では，(3)法人型から中心のない組織間連携という形が出現しつつあることから，例えば次の段階としての(4)クラウドネットワーク型といった機能についても検討を加える必要がある[6]。

・154

第8章　協働における中間支援組織の機能

| 図表8-1 | 調整組織の発展形態と中間支援組織の発展形態の分類 |

組織の発展形態	通常の調整組織の発展形態	公設公営の中間支援組織の発展形態	公設民営の中間支援組織の発展形態	民設民営の中間支援組織の発展形態
過去 ↓ 現在	（1）相互適合型	（3）法人型	（3）法人型	（2）連盟型
	（2）連盟型	（2）連盟型	（1）相互適合型	（1）相互適合型もしくは（3）法人型
	（3）法人型	（1）相互適合型	（2）連盟型	（1）相互適合型もしくは（3）法人型
事例		ふくい県民活動・ボランティアセンター，かながわ県民活動サポートセンター	ひらかたNPOセンター，みのお市民活動センター	大阪NPOセンター，NPOサポートセンター

出所：筆者作成。

4　中間支援組織の機能に関する分析上の限界

　前述のように中間支援組織が果たす多様な機能についても多くの議論がなされてきた。ただその議論の中心は，中間支援組織の機能そのものであり，主な支援対象であるNPOがどのように変化し，逆にその変化が中間支援組織に対してどのような影響を与えているかの議論はさほど多くはない。

　現実の中間支援組織は，いわば「黒子としての機能」が主であり，具体的なビジョンや目標を掲げ，その実現のために必要な組織を集めて，ネットワークを構築するという旧来の組織形成の議論に馴染まないところがある。実際の中間支援組織の活動においては，それぞれの支援対象組織のミッションを活かしながら全体としてのハーモニーをいかに奏でるかを考えた活動が散見される[7]。

155

このように考えると既存の中間支援組織の組織間関係の議論は，複数の組織が共通目標を実現するためにどのようなネットワークを形成するかという視点から論じられたものであり，中間支援組織と支援対象組織の組織間関係を論じるときには限界があることも事実である。

第一の限界は，中間支援組織と支援対象組織が共通の目標を持つことが難しい点である。そもそも中間支援組織の目標は，支援対象組織の目標達成への支援であり，それぞれの目標が完全に一致することはない。

第二の限界は，中間支援組織と支援対象組織との結びつきの強さを前提としていない点である。特に中間支援組織は，支援対象組織が自ら独自の活動を軌道に乗せながら，自立した時点で支援対象組織との関係を意図的にあるいは戦略的に希薄にしていくことも多い。

このような限界が生じる要因の一つは，中間支援組織と支援対象組織との間の関係は，時間の経過とともにより強い結びつきへと発展していくことを前提にした考えが存在するからである。すなわち中間支援組織と支援対象組織がそれぞれ独立していて組織間関係が未組織化の状態である段階から，コミュニケーションの密度が高くなり，ひいては関係強化のためのルールや制度がつくられ組織間関係の組織化が進んでいくという前提である。しかし中間支援組織と支援対象組織の組織間関係は，強い結びつきへと発展するという流れだけではなく，逆に弱い結びつきへと動いていく側面もある。こうした動きを理解するためには新たな視点での分析が必要になる。

5 ノットワーキングから見た中間支援組織

上記の新たな視点での分析を進めるためにEngeströmのノットワーキング（Knot working）の理論の援用を試みたい。

Engeströmは，一般的なネットワークの概念が「接続と互酬」を原理とし，固定的な網状の組織（あるいは個人）間の連なりであるのに対し，ノットワーキングはとらえどころがない即興的な現象であると説明している。また，ノッ

第8章　協働における中間支援組織の機能

トワーキングにおいては，コラボレーションは重要であるものの，事前の取り決めや中心的役割を果たす権威的な存在なしに形成されるところにその特徴があると述べている。すなわち，あらかじめメンバーの基準が決まっているのではなく，活動の種類によってメンバーが決まるのであり，そのようなノットワーキングの際に必要とされるのは，思慮深いコミュニケーションであると言っている。

　また，ネットワークは通常は固定したメンバーで編成されることが多い。つまり，個人，組織を問わず固定した構造を取っているが，ノットワーキングではメンバーが，すでに存在しているものではない。ノットワーキングとは，チーム等の編成が生まれては消え，別のかたちで再度現れる，といった律動が繰り返され，要求される課題ごと，その場その場で，コラボレーションの関係を組み替えていき，即座に主体間で理解し合い，コントロールの分散と共有を繰り返し，互いにあまり関わりのないような行為者間で協同行為を調整する形態といえる。つまり，ノットワーキングの特徴をまとめると以下の4点になる。

　①活動をコントロールする単一の中心が不在

　②行為者間で協同行為を調整

　③関係性はその場だけで，ニーズの終了とともに解散する

　④要求される課題ごとにコラボレーションの組み替えを行う

　これまでのネットワーク視点に加え，新たにノットワーキングの視点を加えることによって，中間支援組織と支援対象組織との組織間関係を論じる上での限界を突破することができると考えられる。

　第一の限界である共通の目標を持ちにくい点については，ネットワークの視点では，別々の目標を持つ組織の目標を共有していく作業であるのに対して，ノットワーキングはその目標が常に流転し，その都度関係性の組み換えが行われており，中間支援組織と支援対象組織との組織間関係ではこの両視点を常に持ちながら関係性が維持していると考えられる。

　第二の限界である関係性の強弱においても，強弱を意図的に繰り返すことによって独特の組織間関係を中間支援組織が作り出していると考えられる。こう

157

した点を考慮すると，ネットワークとノットワーキングの両方の視点から常にその関係性の強弱が変化していることを明らかにすることが必要である。

以上のような視点から，中間支援組織と支援対象組織との組織間関係は多様であり，関係性は常に変化していることが明らかになった。確かに，既存の議論では，こうした組織間の弱い関係をいかに強固にするかを中心に考えてきた。これは組織間関係を構築する上で必要不可欠なプロセスである。しかし中間支援組織の機能に関しては，その変化する支援対象者との関係性の変化から醸成される組織間関係もあるのではないかと推測できる。まずは，変化を前提とした中間支援組織と支援対象者との関係を明らかにするために，特にノットワーキングの視点から中間支援組織を捉え直してみることとする。

Engeströmのノットワーキング理論において，その基礎になっているのは「文化・歴史的活動理論」（cultural-historical activity theory：以下，「活動理論」という）である。活動理論は，「人間の社会的実践を協働的な活動システム（activity system）のモデルを使って分析し，未来の革新的な実践を新たにデザインするためのアイデアやツール，コンセプトを明らかにしようとする概念的な枠組みである。」（Engeström　2008a, p.2）つまり活動理論は，協働的活動システムを新たにデザインするために活用できる概念的な枠組みである。エンゲストロームは，活動理論の歴史的展開を「3つの世代」に分けて考えている。

特に第3世代は，2つの活動システムが対象1から両者の「対話」を通して対象2へ拡張する。この拡張によって，双方の対象は近づき部分的に重なり合うことになる。この越境的な対象の「交換」において対象3が立ち現れてくる。そして，そうした「第3の対象」は「変革の種子（seed of transformation）」を生み出していく。つまり，新たに立ち現れてくる「第3の対象」が，それぞれの活動システムへフィードバックされることによって，もとの活動システムを変革していく原動力が生まれるのである。

その活動システムのなかで即興的に響き合うようなつながりを創発するのがノットワーキングである。ノットワーキングの特徴は，活動の「糸」を結び合

| 図表8-2 | 第3世代活動理論のための「最小限二つの相互作用する活動システムのモデル」

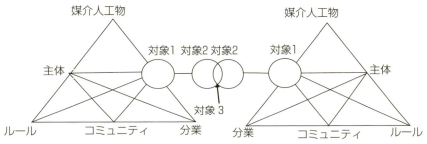

出所：Engeström（2001）p.136.

わせ，ほどき，ふたたび結び合わせるような，変化に富んだ「旋律」を奏でる点である。なおノット（Knot）は，行為者や活動システムの間が弱くにしか結びついていないにもかかわらず，それらの協働のパフォーマンスが，急遽，脈打ち始め，分散・共有されるものと位置づけられている。そしてノットワーキングは，要求される課題ごとに，協働の関係性を柔軟に変化させるプロセスであり，そこで必要とされる行為主体性は，結び目と菌根における制御不可能な対象への交渉によるコミュニケーションの取り組みである。

この即興性が中間支援組織と支援対象組織との組織間関係で求められることが多く，実際にこの即興性をもとに新しいアイデア，ツール，コンセプトが生み出され，その結果，組織間関係における信頼関係の醸成に結びついていることが多い。なお即興性は，「安定した規範が一時的にせよ遠のいたときに，その場その場の状況に応じて，人々が，一時的な規範を生成・更新する過程である。つまり，人々がルールを作っては壊しながら，現場の複数の声に臨機応変に応答していく集合的な振る舞い」（Engeström 2008a, p.218）と定義される。

以上のような維持メカニズムは，中間支援組織と支援対象組織の関係についても同様の機能が働いていると考えられる。その一方で災害支援等の緊急的な事態については，より多くの組織とのネットワークが即興的に形成され，その媒介役を中間支援組織が担うことが多い。このように，中間支援組織と支援対

象組織は，恒常的に関係を形成する部分と即興的に関係を形成する部分の両方が常に混在しており，この両側面から常に組織間における関係の変化を捉える必要がある。

では，ノットワーキングの機能がどのように機能しているのかを，大阪NPOセンターの2つの支援事業をもとに検討していく。いずれの事業も長期にわたり実施されている事業のため，経年でのデータ収集がしやすい点に着目して取り上げた。

6　大阪NPOセンター"志"民ファンド

中間支援組織と支援対象組織との関係を分析する視点として，ネットワークとノットワーキングの両視点が必要であるという点とそれを醸成するために必要となる即興性を分析するために，具体的な事例として，大阪の代表的な中間支援組織である認定特定非営利活動法人大阪NPOセンター（以下，「大阪NPOセンター」とする）が実施する「市民社会創造基金事業」（通称"志"民ファンド）を取り上げる。

"志"民ファンドは，2006年に大阪NPOセンター設立10周年を記念して総額1000万円まで助成するファンドである。"志"民ファンドの大きな特徴として，社会投資家と呼ばれる企業経営者から資金提供を受け，その資金提供とマネジメント支援の2つの支援を行う点である。図表8-3は"志"民ファンドのフ

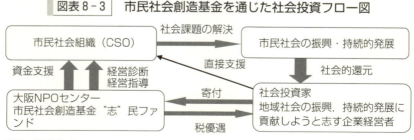

図表8-3　市民社会創造基金を通じた社会投資フロー図

出所：筆者作成。

第8章　協働における中間支援組織の機能

ロー図である。2006年から2010年の5年間実施し，21団体に総額1689万円の助成を行ってきた。

　そこで，21団体の中から事業開始時期である2006年度〜2007年度に支援した5団体を抽出し，支援後の状況変化についてアンケート調査を2011年に実施して，その後の経過状況を確認した。

　アンケートは，支援後5年を経てどのような変化が生じたか，その経営支援効果を中心に自由記述で記入するアンケート用紙を配布した。その後，回答した団体に電話でのヒアリング調査を実施している。そして，その中からさらに支援後も事業を維持もしくは，拡大している事業者を中心に支援後の事業変化について追跡調査を実施した。以下はアンケートおよびヒアリング調査の要点をまとめたものである[8]。

　どのケースも，支援期間中は大阪NPOセンターと支援対象組織との関係性は非常に濃密な関係性を構築していたが，時間の経過とともに内容の変化が生

図表8-4　アンケート結果

	団体名	主な回答内容
①	(特活)子育てネットワーク共育の森どんぐり（大阪）	負債を圧縮することができ，経営を安定させることができた。
②	京都ひきこもりと不登校の家族会ノンラベル（京都）	基本設備の充実を図ることにより，事業が拡大し経営が安定した。
③	(認活)トゥギャザー（大阪）	経営の実践家からのアドバイスは非常に有効。その後もアドバイスをいただいた経営者から支援を受けている。
④	筋肉商店街実行委員会（大阪）	イベント実施から組織化したことで，地域との多様な関わりができるようになった。
⑤	(有)officeぱれっと（大阪）	マーケティング調査を実施することにより顧客ニーズと自団体の強みを確認することができた。FC化展開をスタートできた。

出所：アンケート結果をもとに筆者作成。

161

じている。そのいくつかを3つのパターンに類型化する。なお，矢印の太さは団体同士の関係性の大きさを表している。

第一のパターンは，支援対象組織が自立化するにつれて，徐々にセンターとの関係性が希薄化していくケースである（**図表8-5**）。このパターンが支援対象組織との関係性の変化で最も多いパターンである。支援対象組織が持つ課題に対して，センターが持つ資金やノウハウでその組織の持つ問題の解決を図るため，ある程度お互いが想定した範囲内での関係性構築になる。そして，一定の課題が解決された時点で，センターと支援対象組織との関係性は希薄化していく。

第二は，支援対象組織への直接支援から他団体による間接支援へと変化するパターンである（**図表8-6**）。このパターンは支援対象組織と他団体との共振性によるところが大きく，支援対象組織はある程度意図して連携するが，大阪NPOセンターとしてはその関係づくりを意図的に支援することが難しい。しかし，大阪NPOセンターと他組織とが協働して支援するため，より強力な支援を行うことができる。

第三のケースは，支援対象組織がスケールアウトしていくパターンである（**図表8-7**）。このパターンは，支援対象組織も他組織への支援ノウハウが必要となり，それによってセンターとの関係性が大きく変化している。officeぱ

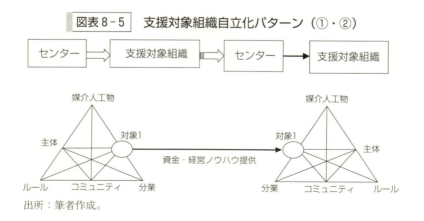

図表8-5　支援対象組織自立化パターン（①・②）

出所：筆者作成。

第８章　協働における中間支援組織の機能

図表 8-6 支援対象組織連携パターン（③・④）

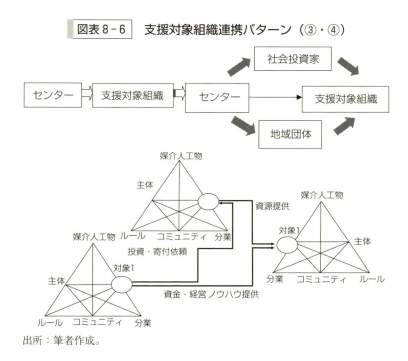

出所：筆者作成。

れっとの例でいえば，支援当初は，パターン１の資金とノウハウ提供が中心だった。しかしその後，子育て支援のプログラムが充実するにつれて，他地域への展開が可能であるとセンターで判断した。また，支援対象組織も他組織からプログラム提供の依頼が増加し，汎用性のあるプログラムづくりが求められていた。双方のニーズがマッチし，協働によるプログラムを作成して，他組織への移転を行った。この結果自体は，双方が意図していたわけではなく，たまたまそれぞれの組織に他組織からの働きかけがあり，そのタイミングが同時期だったためプログラム開発が一気にすすんだのである。このケースは，ネットワークからノットワーキングが生成され，それによってスケールアウトするという成果が生み出された好例である。

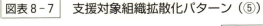

図表8-7 支援対象組織拡散化パターン(⑤)

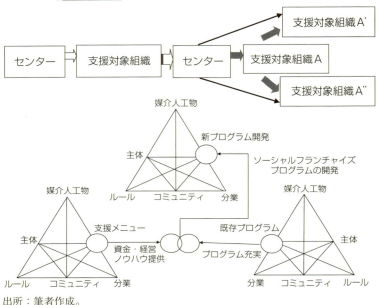

出所:筆者作成。

7 大阪NPOセンター「CSOアワード」

次に同じく大阪NPOセンターが実施する「CSOアワード」を取り上げる。CSOアワードは,1997年にNPOの活動を顕彰するための事業として,「OSAKA NPOアワード」として設立し,その後様々な変遷を経ながらも現在も継続している日本で最も歴史のあるNPOのための顕彰事業である。20年間で約700団体以上の応募があり,約200団体以上を表彰している。その20年間の活動期間を組織間関係の状況から4つの時期に分類し,それぞれの時期においてアワードという事業を通じて,大阪NPOセンターと他組織との関係にどのような変化が生じてきたか検証を試みる。

まず,アワードを中心となる大阪NPOセンターが設立し,そのための組織

第8章　協働における中間支援組織の機能

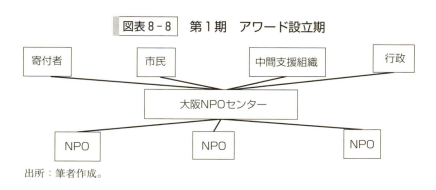

図表8-8　第1期　アワード設立期

出所：筆者作成。

間関係の構築が行われる。具体的には，2つの動きがある。一つは支援の対象となるNPOとの関係性づくりである。設立当初の1997年は，まだNPOに対する社会での認知度も低く，どこにどんな種類のNPOが活動しているのかを探す段階から始まった。そのため評価対象の数も少なく，その距離感も遠いものであった。一方，もう一つの動きとして，その事業を支えるサポーター組織との関係性づくりである。こちらは特に中間支援組織との組織間関係を積極的に構築した。これは，中間支援組織より評価の対象となるNPOを推薦してもらい評価対象者の母数を増やそうとした意図があったためと考えられる。

10年の期間を経ることにより組織間関係を構築するために課題が生じてくる。

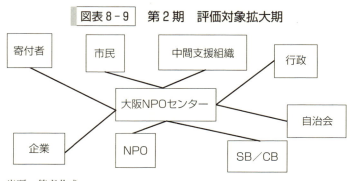

図表8-9　第2期　評価対象拡大期

出所：筆者作成。

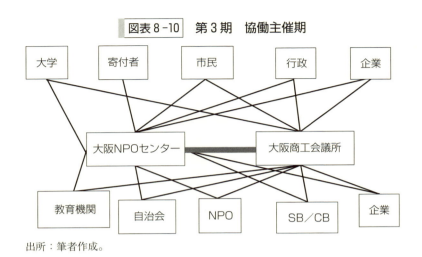

 一つは，支援対象者のマンネリ化である。本来であれば，組織間関係の構築を促進するために評価手法を活用して課題を抽出するが，このケースは，支援対象者から逆に組織間関係の構築に対して大きな影響を与えていたことが注目すべき点である。そこで，大阪NPOセンターでは，そのマンネリ化を打破するために支援対象者の範囲を広げることによって解決を図ろうとした。また，サポーター組織との距離感にも変化をもたらしている。具体的には，中間支援組織との関係が希薄になり，逆に市民や行政との関係づくりが行われるようになった。なお，大阪NPOセンターと大阪商工会議所との関係は共催という体制を取ったため，その関係性を強調するために太線で示した。
 2008年から大阪NPOセンターと大阪商工会議所がそれぞれ実施していたアワード事業が一本化され，新たに「CB・CSOアワード」になった。これにより互いが持つ組織間関係構築機能が重なり合うことによる相互補完の関係が生み出され，アワードのブランド確立にも影響を与えたと考えられる。これまで，支援対象者の拡大を図ってきたが，やはり単独での拡大では限界があり，似たような事業が共有できるプラットフォームを形成し，効率性を追求しながら，質の向上を図るという新たなステージに変化したと考えられる。このように事

第8章 協働における中間支援組織の機能

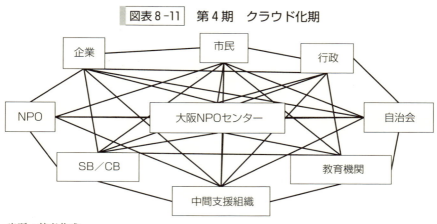

図表8-11 第4期 クラウド化期

出所：筆者作成。

業の根幹にも関わるような連携を柔軟に行うところが，中間支援組織の持つしなやかさを表す好例である。

　2014年から再び大阪NPOセンターが単独で事業を行うことになった。これにより，これまで大阪商工会議所との関係性が深い組織との関係再構築をどう行うかが課題となっている。一方，これまで1対多数という関係性から多数対多数という関係性への変化を模索している。これは，評価対象者やサポーター組織との関係性を一過性のものとせず，継続的な関係性を構築する上で重要だと考えている。現在では，大阪商工会議所に代わる存在として，大阪青年会議所や大阪市といった団体が新たに加わって事業推進の支援を行っている。

　このように中間支援組織による組織間関係の構築は，多くのステークホルダーの影響を受けながら実施されるため，その都度柔軟に変化させる必要がある。これまで，多くの中間支援組織が各種の顕彰事業を実施しているが，継続が難しい要因としてこの組織間関係を戦略的に開発していないことが主要因と考えられる。また，それ以外の要因としても，①そもそも評価の対象となるNPOの評価基準があいまいである，②NPO自体評価されることに対して嫌悪感を持つことが多い，③中間支援組織がNPOの評価を避ける傾向にある，④

167

中間支援組織自体が評価されることがほとんどない，等の要因も影響していると推測される。今後中間支援組織が発展・拡大するためには評価という機能は非常に重要である。中間支援組織による評価によって，それぞれの組織が持つ課題が明確になり，組織の改善案が創出されるのである。

8　中間支援組織のノットワーキング機能

　これまで大阪NPOセンターの"志"民ファンド事業とCSOアワード事業を取り上げ，中間支援組織と支援対象組織の関係性の変化について明らかにしてきた。特に経時的変化をたどることによって，中間支援組織と支援対象組織を含めた多くの組織との関係性が変化していることが明らかになった。その中で，

図表8-12　ノットワーキングの特徴と2事業のステージ対応関係図

ノットワーキングの特徴	"志"民ファンド	CSOアワード
①活動をコントロールする単一の中心が不在	図表8-6 　支援対象組織連携 　パターン（③・④） 図表8-7 　支援対象組織拡散化 　パターン（⑤）	図表8-10 　第3期　協働主催期 図表8-11 　第4期　クラウド化期
②行為者間で協同行為を調整	全てのパターン	全てのパターン
③関係性はその場だけで，ニーズの終了とともに解散する	図表8-5 　支援対象組織自立化 　パターン（①・②）	図表8-8 　第1期　アワード設立期 図表8-9 　第2期　評価対象拡大期
④要求される課題ごとにコラボレーションの組み替えを行う	図表8-6 　支援対象組織連携 　パターン（③・④） 図表8-7 　支援対象組織拡散化 　パターン（⑤）	図表8-11 　第4期　クラウド化期

出所：筆者作成。

第8章　協働における中間支援組織の機能

両者が意図していないような新たな関係性を生み出している側面も見出された。これはノットワーキングの特徴に通ずる点が多い。

図表8-12は，それぞれの事業における関係の変化状況がノットワーキングの4つの特徴のどの部分に該当するか一覧にまとめたものである。この中で，②の特徴である行為者間で協同行為を調整する機能については，全てのステージで働いている一方，③の特徴である関係性はその場だけで，ニーズの終了とともに解散する機能は，2事業の前期で働いており，逆に①の活動をコントロールする単一の中心が不在や④要求される課題ごとにコラボレーションの組み替えを行うなどの機能は2事業の後期で働いている。このようにノットワーキング機能の中でもさらに分類すると，そのステージごとに必要とされる機能が働いていることが明らかになった。

"志"民ファンドでは，大別して3つの関係性変化が確認され，CB・CSOアワードにおいては4つの段階の関係性変化が確認されたが，どの関係構築の方法がベストという議論ではなく，どの方法も中間支援組織にとっては必要なアプローチであると考える。さらに1つのパターンが永続的に続くわけではなく，パターン自体が変化したり，あるいはもとのパターンに戻るようなケースもある。今回は2事業をケースに分析したが，それ以外の事業における関係性の変化も存在すると思われる。

今回の事例研究を通じて，中間支援組織組織自体の変化がどのように起きているか詳細に確認してはいないが，おそらく中間支援組織と支援対象組織が恒常的な支援のみならず，即興的な支援も含めて，互いを刺激しながら成長するという拡張的学習が創出されているとも推測される（Engeström　1987）。

このように新たな結び方を創出し，他の支援メニューとも連動しながら，中間支援組織が持つ柔軟でかつ即興的な支援によって，その関係性が常に変化し，そのことから新たな関係が発展的に構築されているのかについて，今後さらに明らかにする必要がある。また，個々のNPOの力を1つの力へと結集し，社会全体を俯瞰して，社会課題を集合的に解決する手法である「コレクティブインパクト」[9]に関して，中間支援組織を中心とするネットワーク化およびノッ

トワーク化を明らかにするにあたり重要な概念の一つと考えられる。

〈注〉

1　NPOの定義については，最狭義（NPO法人のみ），狭義（NPO法人および任意団体），広義（NPO法人および任意団体，公益法人等も含む），最広義（NPO法人および任意団体，公益法人，自治会，農協等の共益に近い団体も含む）等，その定義については様々になされている。しかし，中間支援組織が対象とする組織は，主に狭義の定義に基づく団体を対象にしていることが多いため，本稿でもNPOの定義については，狭義の定義を採用する。

2　『多様なパートナーシップによるイノベーティブな生涯学習環境の基盤形成に関する研究報告書（Ⅳ）―中間支援組織調査―』（2016）を参考にして算出。

3　自治体や社会福祉協議会が設置し，直接運営業務を行っている市民活動センターやNPOサポートセンター等も含む。

4　例えばT市にある支援センターは，現役で使用されている学校内で設置されているため，通常の出入りはインターホンを押して，解錠してもらってから中に入るシステムとなっている。そのため気軽に立ち寄るという形態にはなっていない。

5　Miles, R. E. and Snow, C. S. が指摘するブローカーが中間支援組織の議論に貢献する所は，①直接的な関係を持たない組織を結びつけること，②緩い関係を通じて支援を行うこと，③関係する組織の全体を視野に入れて，個別の調整を行うこと，という3点であり，この役割は中間支援組織の特徴と通ずる点でもある。

6　クラウドネットワーク型は，例えば中心のないネットワークをイメージしており，それぞれの組織が保有する資源を相互活用しながら，お互いに発展するような関係性を構築した状態を想定している。例えば，米国の中間支援組織であるFSGは，「コレクティブ・インパクト」を提唱し，他セクターの組織が連携して地域全体の課題解決に取り組む活動を行っている。また，大阪NPOセンターでも中期計画でクラウドネットワークを掲げている。

7　例えば，中間支援組織の有機的なつながりとして，以下のような事例が挙げられる。
　①社会的インパクト評価イニシアティブ（http://www.impactmeasurement.jp/）
　②NPO法人会計基準協議会（http://www.npokaikeikijun.jp/office/）

8　調査対象とした"志"民ファンドの助成団と経営支援内容は以下の表にまとめた。そして，その中でも助成後も継続している事業を中心にヒアリングを実施した（反転部分）。

団体名	経営支援内容	助成額
（認活）トゥギャザー（大阪）	作業所，授産施設の商品開発支援，販売支援（ITを利用した生産，販売管理システムの構築）	300万円
筋肉商店街実行委員会(大阪)	イベント実行委員会の組織整備に関する支援	50万円

第8章　協働における中間支援組織の機能

(有)officeぱれっと（大阪）	幼児教育事業の安定化	50万円
(特活)日本スローワーク協会（大阪）	NEET就労支援を目的としたカフェ事業の安定化	50万円
(特活)エスビューロー（大阪）	成人がん患者支援プログラムの具体化，試行	50万円
京都ひきこもりと不登校の家族会　ノンラベル（京都）	アスペルガー障がいをもつ青年，成人の就労支援を目的とした紙漉き作業場の構築支援	150万円
こどもコミュニティケア（兵庫）	小規模統合保育「ちっちゃな保育所」移転新築支援	150万円
(特活)子育てネットワーク共育の森　どんぐり（大阪）	「森のようちえん」事業の中期計画策定，広報支援	経営支援
(特活)多言語センターFACIL（兵庫）	持続可能な市民活動展開のための事業統合に伴う多文化多言語関連コミュニティビジネス拡大	155万円
映像発信てれれ（大阪）	映像発信事業の軸とした中長期計画策定支援	90万円
(有)officeぱれっと（大阪）	子育て支援「ぱれっとスタイル」のパッケージ化とその普及	50万円
特定非営利活動法人ダーナ（兵庫）	農業を通じた発達障害をもつこどもの支援事業に対する助成およびその具体化，中長期の事業計画策定支援	150万円
Pleasure Support株式会社（大阪）	作業所，授産施設の商品開発，販売支援事業への助成　作業所，授産施設経営支援人材育成事業へのアドバイス	50万円
特定非営利活動法人住まいみまもりたい（大阪）	広報媒体作成への助成，広報戦略へのアドバイス	84万円
有限会社キュアリンクケア（京都）	中長期の事業計画策定支援，営業戦略へのアドバイス	経営支援
特定非営利活動法人！スタイル（京都）	新店舗運営～本体財務改善	150万円
兵庫県有機農業生産出荷組合（兵庫）	会社設立～事業計画～資金調達計画，店舗（既存店舗廃止，新店舗運営）	90万円
株式会社坂ノ途中（京都）	店舗運営および商品レイアウト，販路開拓，組織ガバナンス	70万円
ヒューマンヘリテージ株式会社（奈良）	収益モデル確立，現経営者を支える経営管理者育成	経営支援

特定非営利活動法人 ハニー・ビー（大阪）	中期計画の策定	経営支援
財団法人山本能楽会（大阪）	プロジェクト運営支援（資金等）	経営支援

出所：筆者作成。

9 米国の代表的な中間支援組織であるFSGが積極的に推進している考え。①共通のアジェ
ンダ，②共有評価システム，③相互補完的なパートナーシップ，④持続的なコミュニケー
ション，⑤バックボーンとなる支援団体を構築し，様々なファウンダーが協力して資金援
助を行うことにより，コミュニティにおける問題解決を図る動きのことを指す。詳しくは
以下の文献参照。Kania, J. and Kramer, M.（2011）"Collective Impact," *Stanford Social
Innovation Review*, winter, pp.36-41.

〈参考文献〉

Aldrich, H. and Whetten, D. A.（1981）"Organization-sets, Action-sets, and Networks:
Making the Most of Simplicity," in P. C. Nystrom and W. H. Starbuck（eds.）, *Handbook
of Organizational Design*, Vol. 1, Oxford University Press, pp.385-408.

Crutchfield, Leslie R. and Grant, Heather McLeod（2007）*Forces for Good, Revised and
Updated: The Six Practices of High-Impact Nonprofits*, Jossey Bass Us Non Franchise
（服部優子訳『世界を変える偉大なNPOの条件』ダイヤモンド社，2012年）.

Engeström, Y.（1987）*Learning by Expanding: An Activity-Theoretical Approach to
Developmental Research* Helsinki: Orienta-Konsultit（山住勝弘・松下佳代・百合草禎
二・保坂裕子・庄井良信・手取義宏・高橋登訳『拡張による学習—発達研究への活動理
論的アプローチ』新曜社，1999年）.

Engeström, Y.（2001）"Expansive Learning at Work: Toward an Activity-Theoretical
Reconceptualization," *Journal of Education and Work*, 14, pp.133-156.

Engeström, Y.（2008a）*Activity-Theoretical Studies of Collaboration and Learning at Work*,
Cambridge University Press（山住勝広・山住勝利・蓮見二郎訳『ノットワークする活
動理論チームから結び目へ』新曜社，2013年）.

Engeström, Y.（2008b）*From Teams to Knots: Activity-Theoretical Studies of Collaboration
and Learning at Work*, Cambridge, UK: Cambridge University Press.

Kania, J. and Kramer, M.（2011）"Collective Impact," *Stanford Social Innovation Review*,
Winter 2011, Vol.9, pp.36-41.

Miles, R. E. and Snow, C. S.（1984）"Fit, Failure and the Hall of Fame," *California
Management Review*, Vol.26, No.3, pp.10-28.

Miles, R. E. and Snow, C. S.（1986）"Organizations: New Concepts for New Firms,"

California Management Review, Vol.28, No.3, pp.62-73.

Mulford, C. and Rogers, D. L.（1982）"Definitions and Models, in D. L. Rogers and D. A. Whetten, *Interorganizational Coordination*," Iowa, State University Press, pp.9-31.

Paulson, S. K.（1985）"A Paradigm for the Analysis of Interorganizational Networks," *Social Networks*, Vol.7, No.2, pp.105-126.

Whetten, D. A.（1981）"Interorganizational Relations: A Review of the Field," *Journal of Higher Education*, Vol.52, No.1, pp.1-28.

今枝千樹（2012）「中間支援組織の役割と非営利組織のアカウンタビリティ」『経済論叢』（京都大学）第186巻第1号，pp.69-75。

大室悦賀・大阪NPOセンター編著（2012）『ソーシャルビジネス』中央経済社。

佐々木利廣（1990）『現代組織の構図と戦略』中央経済社。

佐々木利廣・加藤高明・東俊之・澤田好宏（2009）『組織間コラボレーション：協働が社会的価値を創造する』ナカニシヤ出版。

田尾雅夫・吉田忠彦（2009）『非営利組織論』有斐閣。

田中弥生（2005）『NPOと社会をつなぐ』東京大学出版会。

内閣府（2011）『新しい公共支援事業実施に関するガイドライン』Available at http://www5.cao.go.jp/npc/unei/jigyou.html, Accessed 2016年1月31日。

内閣府（2014）『平成25年度　NPO法人に関する世論調査』Available at http://survey.gov-online.go.jp/h25/h25-npo/, Accessed 2016年1月31日。

内閣府（2017）『平成28年度　市民の社会貢献に関する実態調査』Available at https://www.npo-homepage.go.jp/uploads/h28_shimin_1.pdf, Accessed 2018年2月18日。

日本経済団体連合会（2012）『2011年度　社会貢献活動実績調査結果』Available at https://www.keidanren.or.jp/policy/2012/070_kekka.pdf, Accessed 2016年1月31日。

日本NPOセンター（2013）『2012年度日本NPO支援センター実態調査報告書』。

堀野亘求（2014）「NPOを支援する中間支援組織の機能についての考察―組織間関係から接近―」『経営教育研究』Vol.17, No.2 pp.75-83。

堀野亘求（2016）「中間支援組織と支援対象組織との関係性の変化について―ノットワーキングの視点からの分析」『企業と社会フォーラム学会誌』第5号，pp.67-82.

松井真理子（2012）「市民セクターを強化させるための中間支援組織とその機能」『四日市大学総合政策学部論集』第11巻第1・2号 pp.9-30。

松本潔（2011）「NPOにおける組織間協働に関する理論的考察」『自由が丘産能短期大学紀要』第44号。

山住勝広・Engeström. Y.共編著（2008）『ノットワーキング―結び合う人間活動の創造へ』新曜社。

山住勝広（2014）「拡張的学習とノットワークする主体の形成―活動理論の新しい挑戦―」

『組織科学』Vol.48, No.2, pp.50-60。

吉田忠彦（2003）「模倣的同型化と戦略的対応―大阪NPOプラザの事例から―」『商経学叢』（近畿大学）第49巻第3号，pp.321-343。

吉田忠彦（2004）「NPO支援センターの類型と課題」『非営利法人研究会誌』Vol.8, pp.85-96。

第 | 9 | 章

地域コミュニティの再構築
——つながりから協働の「場」へ

1 地域コミュニティの再構築の必要性

　地域では，住民や企業等から構成される町会を中心に，様々な組織・団体が連携して親睦を図りながら，祭り等の文化の継承や，安全安心のための防災・防犯活動，要援護者の見守り，高齢者・子育て支援等，行政と協働しながら地域活動が行われてきた。近年，大都市都心部では，タワーマンションと言われるような超高層のマンションが建ち，地域を構成する住民が急激に変化しているところが散見される。そして，地域活動の中心組織である町会への加入率が低下し，マンションでの自治会組織率は低く，隣近所のつながりがほとんどないところが見られる。また，長年，地域活動の中心を担ってきた人たちの高齢化が進み，担い手の継承が課題になっている。これからは，新住民はもとより，昼間人口を構成している在勤，在学の人たちを含めて地域コミュニティを再構築することが求められるだろう。本章では，地域でのつながりから，地域活動における協働を生み出すために，様々な年代や属性の人たちが参加する「場」に注目した。

175

1-1 多様な人たちで構成される地域

「地域」は様々な捉え方があるが，例えば大阪市では，旧小学校区を地域と捉え，主な地域活動を一つの連合振興町会が担ってきた。都心部では，子どもの減少により廃校と統合を繰り返し，一つの小学校区が複数の連合振興町会で構成されるようになり，小学校を中心とした地域コミュニティの再構築が必要になったところもある。一方で，町会加入率の低下にも表れているように，地域への関心が希薄化し，どの町会に属しているかわからない新住民も増加している。

近年，大都市都心部では，タワーマンションの竣工により，住民が急増している地域が生まれ，従来から住んでいた住民と新住民のつながりがほとんどないところや，マンション内では，隣でも顔が見えない状況が生まれている。例えば，大阪市北区では，世帯の約9割が集合住宅居住で，350以上の分譲マンションが確認されているが，自治会を形成しているところは少なく，セキュリティの徹底等により，周辺地域とも交流のきっかけを作りにくい現状がある。

また，夜間人口の少ない地域では，住民間だけでなく，企業で働いている人や大学，専門学校や高校の学生を含めて，コミュニティを再構築しようとしている。働いている人や学生にとっても，非常時の助け合いはもとより，日常の大半を過ごしている職場や，学校のある地域にもつながりのある人たちがいて，参加できる「場」があることは安心で，地域への関心が高まるだろう。そして，地域にとっては，地域活動の担い手が増えれば心強い。人口減少時代において，働き・学ぶところと，住んでいるところの両地域のコミュニティに属することは，必要不可欠になってくるのではないだろうか。

1-2 「場」を構成する要素と役割

地域への関心が希薄な住民や，働いている人，学生に地域活動に関わってもらうにはどうしたらよいだろうか。まずは，多様な人が参加し，相互につながる「場」を地域の中に多様につくることを提案したい。そのためには，「場」

の運営に関わる人たちを発見し，育成することが求められる。

　「場」を構成する主要な要素を午前・午後・夜間，そして，平日・土・日祝日といった日時や，毎月・毎年・不定期といった頻度などの「時」と，公園のような公共空間や広さや雰囲気などの「空間」，そして，年代や属性の関心に応じた目的などの「テーマ」とすると，多様な人たちの参加を促す「場」の条件は何であろうか。そして，「場」に参加した人たちにつながりが生まれ，その後，「場」を共に運営するような協働に発展するには，どのような「場」のマネジメントが必要だろうか。

　「場」は，主宰者・実行委員長等を中心に，共に企画・運営を担うコアメンバーとして実行委員等がいて，部分的に運営を支援するサポーター，そして参加者で構成される（**図表9-1**）。「場」での立場はいつも同じではなく，ある「場」では主宰者であり，他の「場」では実行委員になったり，サポーターになったり，参加者となっているだろう。また，例えば伝統の祭りの「場」では，最初はサポーターで関わりながら，いつの日かコアメンバーとなり，年を経る

図表9-1　「場」を構成する人たち

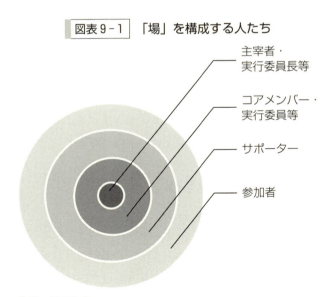

出所：筆者作成。

ごとに関わりが強くなるといったように，地域では，長年かけてそれぞれの層を育てていると捉えられる。

1-3　地域に多様な「場」をつくる

地域で，多様な人たちのつながりを生み出し，そのつながりから「場」の運営を通して，地域の活動を共に担うような協働に発展するためには，どのような「場」の条件やマネジメントが求められるのだろうか。これらを明らかにするために，時間・空間・テーマの3つの要素を様々に組み合わせた「場」のマネジメントを行った。

様々な「場」を運営した地域は，大阪市西区の東部にある明治連合振興町会地域と西六連合振興町会地域で，明治地域にあった大阪市立大学 都市研究プラザのサテライト研究室である「クリエイティブセンター阿波座（CCA）」を拠点に，2010年8月～2016年3月まで，地域内外の多様な人たちが参加し，そこで生まれたつながりから「場」を共に運営するような協働が生まれることを目的に，様々な「場」を運営した。

フィールドとなった明治と西六の地域は，大阪市の中心業務地区であるキタとミナミのほぼ中間に位置し，働いている人約5万人，住民約3万人という典型的な住商混合地域だ。産業は，釣具，ネジ・機械工具や陶磁器問屋等の地場産業の他，近年は，デザイン等のクリエイティブオフィスやこだわりの店舗が集積している。そして，中高層のマンションが次々と竣工して人口は急増し，地域を構成している人たちが多様化している地域である。

2　多様な「場」とマネジメント

地域の中で，多様な人が参加する「場」を持続的に運営することは容易ではない。同じことを続けていたり，自然のままにしていたら，参加者の減少や固定化が見られてくる。時・空間・テーマの要素を様々に組み合わせた「場」を重ねて運営し，対話が生まれるようにしたところ，協働による新たな「場」が

生まれてきた。

2-1　定期的に運営する「場」

常に新たな人たちの参加を促し，多様性を担保していくことと，「場」を運営するコアメンバーやサポーターを発見することを目的に，つながりのベースとなる「場」を毎月運営した。

2-1-1　ゲストを囲んで少人数による対話——クリエイティブ・サロン

少人数での対話を通してお互いに知り合い，つながる「場」として，毎月，クリエイティブ・サロンを運営した。サロンは，平日の19時〜21時，主にCCAで開催し，毎回，様々な分野のゲストに話題提供してもらった後，参加者全員で意見交換した。その際，できる限り全ての参加者に発言を促し，それぞれの考えを引き出すように努めた（**図表9-2**）。サロン終了後は，CCAや近隣のカフェ等で交流会を開催し，対話の「場」を重ねた。毎回，大学のHPとメールとフェイスブック（FB）で開催を告知したところ，10人前後の参加があった。

サロン終了後は，参加者の属性と参加動機，参加後の変化について，メール

図表9-2　対話を中心としたクリエイティブ・サロン

出所：筆者撮影。

によるアンケート調査を行った。その結果，参加者は10代から70代までのクリエイター，会社員，公務員，専門職，学生等の多様な属性で，参加目的の強い順に3つ，1番目から3番目までたずねたところ，1番目の動機は「ゲスト」や「テーマ」によるものが多く，参加の回数を重ねるにつれて，「主宰者からの案内」が強くなっていた。これについて詳細を聞いてみると，「場」をマネジメントしている主宰者への信頼や共感によるものであった。また，参加を重ねるほど，「参加者との交流」が強い参加動機になる傾向が見られた。参加後の変化では，「自分と異なる分野の人との交流」に対する満足度が高かったことから，参加者の多様性は，「場」への参加の満足度を高め，参加を促すと考えられる。

2-1-2　出会いの機会を増やす―CCA OPEN!

クリエイティブ・サロンでつながった人たちの中には，FB等のSNSやその他の「場」で引き続き交流する人たちも現われた。しかし，参加者の固定化も見られてきたので，新たな層の参加を促すために，時と空間とテーマの組み合わせをさらに多様にした「場」を重ねて運営することにした。CCA OPEN！は平日の他，土曜日にも運営し，時間帯も午後や夕方以降など様々に組み合わせ，CCAへの出入り自由なフリースペースの運営を中心に，持ち込まれた企画のワークショップや，周辺地域で開催されていたバルイベントに一緒に参加することを呼びかけて交流を図る等，様々な時・空間・テーマの組み合わせで運営した。

CCA OPEN！は，不定期の開催で急に決まることが多く，FBだけの広報になったことから，参加者層が急激に広がることはなかったが，サロンに加えて対話の機会が増えることと，時には，2〜3名のこともあり，相互に理解が深まる「場」となった。

2-1-3　地域をフィールドにした「場」のスタート―あわざスタイル

クリエイティブ・サロンとCCA OPEN！の参加者は，地域外の人たちで

第9章　地域コミュニティの再構築

あったことから，地域の人たちの参加を促すために，CCAから周辺地域へと空間を拡大し，あわざスタイルという「場」を運営した。あわざスタイルでは，地域の店舗，ギャラリー，オフィスと共に，展覧会や特別展示販売，ワークショップ等の企画を行い，マップを作成して地域内外の人たちの回遊を促した（**図表 9-3**）。サロンや CCA OPEN！は，筆者が主宰者となって「場」をマネジメントしていたが，あわざスタイルでは，サロンや CCA OPEN！で生まれたつながりから，実行委員やサポーターを依頼して運営した。

あわざスタイルの1回目は，地域と全くつながりのない中で運営したことから，参加を呼びかけても半分以上に断られ，参加した拠点も運営への主体的な関わりは見られなかった。その主な理由として，あわざスタイルのコンセプトやデザインを筆者が行っていたことから，後述するアワザサーカスに対して，集客等，期待を持たせるものがつくれなかったことが挙げられる。

終了後，参加拠点にインタビューをしたところ，10年以上，当地にオフィスを構えている一人は，近所でも知らなかった拠点も多く，今回をきっかけに時々訪ねるようになったと答えた。参加拠点は，業態も代表の年齢層も多様であることや，個人もしくは少人数での経営であること，営業時間や休日も異な

図表 9-3　あわざスタイル，0 の参加拠点（1 が CCA）

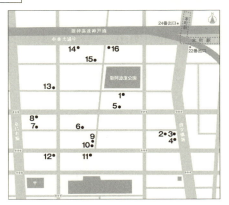

出所：「あわざスタイル，0」回遊マップ。

ること等から，あえて「場」を設定しないとつながりは生まれにくい状況であることがわかった。

実行委員やサポーターは，ほとんどの人がサロンに参加するようになって，当地を訪れるようになった人たちだが，地域に愛着が感じられるようになった，新たな出会いがあったとの意見が多く，「場」の運営に関わることで，地域への親しみやつながりが生まれたことがわかった。

2-2　地域の公園を交流の「場」へ

あわざスタイルでは地域への広報手段が確保できず，地域の人たちの参加を十分に促すことができなかった。そこで，地域の公園で交流の「場」を運営することにより，多くの人の目に触れやすくすると，参加を促せるのではないかと考えた。しかし，公園のような公共空間で，イベントを開催するのは容易ではなく，公園を管理している地域の役員さんたちとつながることが必要だった。第一歩として，CCAが入居するビルの前にある新阿波座公園の掃除をする「場」を定期的に運営し，地域の役員さんたちとつながりが生まれたことで，公園で地域交流の「場」を運営することができた。

2-2-1　公園の掃除でつながる「場」—Community meeting

大阪市内にある850の地域の公園（街区公園）は，地域の人たちで構成される公園愛護会によって維持管理されている。大阪市では，公園のような公共空間を無償で占有利用する場合は，地域の人たちの賛同を条件に，区役所から公園事務所へ使用許可願いを提出する必要がある。2回目のあわざスタイルの中のプログラムの一つとして，みんなで新阿波座公園の掃除をする「場」を運営したところ，明治地域の役員さんたちや，公園愛護会の代表の他，それまであいさつ程度のつながりしかなかった，CCAの隣のオフィスの代表やスタッフが参加し，相互に理解が深まった（**図表9-4**）。

その後毎月1回，公園の掲示板にチラシを掲出したり，FBやHPで参加を呼びかけて，公園掃除とその後の交流会等を行うCommunity meetingという

第9章 地域コミュニティの再構築

図表9-4 地域の役員さんと働いている人たちで公園掃除

出所：筆者撮影。

「場」を運営するようになった。その過程で，区役所や公園事務所といった行政とつながりができるとともに，公園愛護会や町会の役員，近隣で働く人，そして地域外の人たちとの新たなつながりが生まれた。

2-2-2 地域の公園に交流の「場」—アワザサーカス

毎月の公園掃除を通して，町会や区役所，そして地域で働く人たちのつながりが少しずつ生まれ，公園を地域交流の「場」として活用する環境が整っていった。そこで，それまであいさつ程度のつながりしかなかったCCAの上の階にオフィスがあるアート・ディレクターに相談したところ，実行委員として「場」の総合デザインを担当してくれることになった。そして，大人も子どももわくわくするサーカスをテーマに，地域の飲食店を中心とした出店他，音楽やトークショー，おもちゃのかえっこ等，子どもから大人まで楽しめる交流の「場」のアワザサーカスが生まれた（**図表9-5**）。

その後，西区役所の認定事業となり後援を受けたことから，区の広報紙への掲載や，公共施設や企業，幼稚園他，各所へのポスター・ガイドブックの設置，マンションへのポスティング等，多くの人たちの協力による広報活動が実現し

図表9-5　地域の公園が交流の「場」へ

出所：松尾宏幸氏撮影。

図表9-6　アワザサーカスへの来場者インタビュー・アンケート

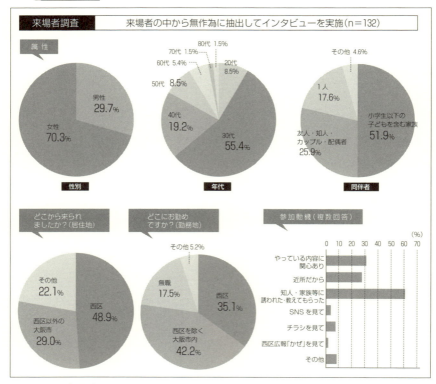

出所：上野（2015）。

た。その結果，当日のインタビュー・アンケートによると，30代を中心に若い世代の近隣住民や働いている人が多く参加していた（**図表9-6**）。また，ディレクターによる総合的なデザインは，今まで地域活動にほとんど参加していなかった，感度の高い若い世代や，就学前の小さな子どものいる，ファミリー層の参加を促した。一方で，1日限り楽しむ「場」では，参加はしても新たなつながりは生まれにくく，地域での日常的な交流が盛んになるまでには至らなかった。

2-2-3　2つの公園で同時に交流の「場」―新町・アワザサーカス

　地域で働いている人たちの日常生活圏にある2つの公園は，異なる町会地域にあったが，「場」の空間を2つの公園地域に拡大することで，さらに多様な人たちが参加してつながりが生まれ，日常的な交流に発展するのではないかと考えた。そして，サーカスを2つの公園で同時開催し，両方の公園を行き来しながら交流する「場」を運営することにした。明治地域の場合，約1年間，毎月の公園掃除を通して地域の役員さんをはじめ，いろいろなつながりが生まれていたのに対して，西六地域とは，それまでほとんど交流がなかった。当時，西六地域では，公園に面したタワーマンションへ約830世帯，2,000人の入居が決まっていたことから，町会役員さんたちには，サーカスが新旧住民のつながりのきっかけになることを期待された。

　1回目のアワザサーカスでは，多様な人たちの参加は促したが，日常的なつながりは多く生まれなかったことから，2回目の新町・アワザサーカスでは，準備段階からつながりをつくる「場」を重ねて運営した。例えば，プレサーカスとして，当日の会場装飾の小物づくりをプロのスタイリストに教えてもらいながら，みんなでつくる手作り教室を開催した（**図表9-7**）。誰もが参加しやすいように，時間帯は午前の部と夕方の部とし，出入り自由で，都合のいい時間帯に可能な時間だけ参加できるようにしたことから，町会役員さんから，地域内外の働く人や住民が参加し，手作りしながら自然と対話が生まれた。

　また，公園の周辺にある音楽・ダンス・動物の専門学校に運営の協力をお願

いし，事前の打ち合わせから当日の準備・運営・片付けまでを一緒にすることでつながりが生まれた。そして，それぞれの公園に，各町会の紹介ブースを設置したところ，以前地域に住んでいた人が立ち寄って，話がはずむ光景等も見られた。公園ごとに，アート作品の展示や出店等が異なることから，自然と両方の公園を行き来する人たちの姿が見られた。出店者とは，交流が生まれるように，来た人とできるだけ対話することを申し合わせた。また，サーカス終了後も地域の企業のショールームと公園に面したカフェに，引き続き作品を展示する「場」を設定し，さらにつながりが生まれるような「場」をつくった。

終了後，出店者へのインタビューでは，次回のサーカスでやってみたいことが話題に出るようになったり，地域の人たちとつながることで，やってみたかったことが実現することを実感したという意見があった。今回，20人の実行委員全員が地域で働いている人たちだったことから，地域コミュニティの中の交流の「場」の一つになったといえるだろう。運営に参加・協賛した人や企業は，今まで地域への関心はあったものの，地域とのつながり方を探っていたようだ。地域へ深く関わり過ぎると時間と労力がとられ，それまでの活動や仕事に支障が出てくることを心配しながらも，地域と関わることによって，新たな

図表9-7　地域の役員さんや子育て中のお母さん等が一緒に準備

出所：筆者撮影。

第9章　地域コミュニティの再構築

経済活動や社会的活動が生まれることを期待していることがわかった。

2-3　地域の歴史をテーマにした「場」

　明治地域の東部には，往時には「せともん町」と呼ばれ，最盛期には150軒以上の陶磁器問屋の集積があったが，今では数軒になっているエリアがある。今でも300年以上の歴史をもつ「大阪せともの祭」が開催されていることから，せともん町の歴史・文化を紹介する「場」を同時開催して運営したところ，地域で働く人をはじめ，地域内外の多くの人たちが参加する「場」になった。

　また，戦前から戦後，そして高度経済成長期の地域の暮らしの様子や，風景の写った古写真を地域の人たちから収集し，ワークショップを通して，パネルを制作して写真展を開催したところ，年代，地域との関わりの新旧を問わず，多様な人たちが，地域の昔と今を語り合う「場」が生まれた。

2-3-1　地域の歴史を紹介する「場」—あわざスタイル，せともん町

　明治地域東部にある旧せともん町近くの火防（ひぶせ）陶器神社で開催されている，大阪せともの祭の実行委員会と連携し，4軒の陶磁器店舗をはじめ，ショールーム，ギャラリー等の13拠点がそれぞれ企画し，マップを作成して回遊する「場」として，あわざスタイル，せともん町を運営した。当地の歴史を紹介するパネルの制作やスタンプラリーの景品の整理の他，往時のせともの祭りの際に奉納されていた，たくさんの皿で作られた陶器皿人形の皿を，倉庫から出して整理したり，それらの皿を，廃業した店舗のシャッターや軒先を借りて展示する等，一緒に作業をする「場」を重ねた（**図表9-8**）。その結果，「場」に参加した人が移動して他の「場」をつなぎ，短期間に連続して出会うことによって，相互に理解が深まっていった。

　当日は，1時間から可能な時間までサポートする仕組みをつくり，「場」の運営への参加を促した。少しの時間でも運営に関わることで，参加者からサポーターへと立場が変わり，「場」への関心が高まったようだ。サポーターを対象にしたアンケート調査の結果，参加が一番多かったのは30・40代で，幅広

187

図表9-8 廃業した店舗に陶器皿人形の皿や風鈴を展示

出所:筆者撮影。

い職種の人たちが参加していた。参加動機は,「それまでのつながり」と「歴史への関心」が多く,参加してみて特によかったことは,「新たなつながり」で,「サポーター同士の交流・対話」が多く挙がっていた。

30名以上がサポーターとして参加し,その後の「場」の運営でも,引き続きサポートしてくれる人が多く生まれた。また,「場」でつながった人たちの中で,仕事の依頼をする人,される人が現れた。これらは,準備期間中から当日まで,様々な「場」を重ねて対面交流の機会を増やしたことによって理解が深まり,信頼が生まれた結果と考えられる。

2-3-2 地域の今昔を多世代で語る「場」—思い出の古写真展

同じ地域に住み,働く人たちが,戦前から戦後,そして高度経済成長期の地域の暮らしの様子や,風景の写った古写真を見ながら,当時と今について語り合う「場」を生み出すこと,そして,地域の暮らしの文化を次世代に継承する目的で,家庭に眠っている古写真を発掘し,思い出を聞き取り,現在の同地点の写真と一緒にパネル展示した。筆者は,それまでの「場」の運営でつながった地域で働く人たちと,このような取り組みを指導されている講師を紹介し,

住民と働いている人たちがワークショップを行いながら写真展の準備を進めた。古写真は，町会役員から紹介を受けたところを訪問し，当時の記憶を聞き取りながら収集した。小学校や町会，地域の企業等へ広報し，写真展当日は，思い出を語る古くからの住民と，聞き取る新住民や働いている人の間で多くの対話が生まれた。

2-4 新たな「場」が生まれる

第1回目のアワザサーカスは，地域住民の公園への思いを刺激し，さらに公園を美しくしたいという思いから，公園に関する勉強会という新たな「場」が生まれた。参加者は，公園の改修に関われることへの期待や，参加している専門家からの情報やつながりに魅力を感じて参加していた。そして，公園の掃除やグリーンの世話，改修等，実践的な活動へとシフトし，Park Lab.という公園サークルに発展した。

2-4-1 「アワザサーカス」が公園への思いを刺激―街区公園勉強会

アワザサーカスをきっかけに，子どもの頃に遊んだ思い出があり，新阿波座公園に愛着のある地域の人から，同公園をもっと美しくしたいと相談された。まずは，これからの公園についての勉強会を提案し，相談を受けた地域の人を代表に，筆者が事務局を担ってスタートした。

同公園は，全体が見渡せるコンパクトなスケール（2,263m^2）で，開園後，60年近くが経ち，様々な課題も生まれていた。以前は，盆踊りも開催されていたが休止して久しい。現在，平日は働いている人たちの休憩の姿を見ることが多く，タバコの吸い殻等，ゴミの多さが目立つ。茂った植栽へのゴミの不法投棄も多い。土日は，親子の姿を見かけるが全体的に寂しい雰囲気が漂う。

勉強会への参加者は，地域内外で働くグラフィックデザイナー，ガーデンデザイナー，まちづくりコンサルタント，公園設計者，建築士，庭師，まちづくりの活動に参加している人等，テーマに関心のある多様な人たちが参加した。勉強会ではゲストからの報告に対し，参加者はそれぞれの専門の立場から情報

| 図表9-9 | サーカスで公園についての思いを聞き取り |

出所:筆者撮影。

を提供したり,同公園で実施してみたいアイデアを,実現させるために話し合った。同公園の改修については,公園管理事務所から住民の総意が必要とのアドバイスを受け,新町・アワザサーカスにおいて,どんな公園にしたいか,そして困っていること等を参加者から聞き取った(図表9-9)。これらの準備・運営にあたっては,資材を提供したり,資料を作成する等,協働が生まれた。

2-4-2 公園サークルの「場」が生まれる―パークラボ(Park Lab.)

毎月行っていたCommunity meetingから,アワザサーカス,公園勉強会,新町・アワザサーカスを経て,公園サークルPark Lab.が生まれた。Park Lab.は,地域の公園をもっと美しくして,心地の良い場所にしたいという思いから,様々な活動を行っている。公園の環境をよくするサークルとして,新旧の住民や働いている人,ガーデニング関係の専門家が参加し,公園の掃除をはじめ,植物の手入れをしたり,改修を提案したり,ふれあい花壇で1年草から多年草の植物を育てている。さらに多くの仲間を増やしたいと,サーカスで活動紹介等を行っている(図表9-10)。

第9章　地域コミュニティの再構築

| 図表9-10 | サーカスでPark Lab.の活動紹介 |

出所：筆者撮影。

　これまで，多様な人が参加し，つながりが生まれ，協働に発展するために，意図的に「場」を運営してきたが，Park Lab.は，多様な「場」を重層的に運営してきた結果，自然と生まれた。

3　つながりから協働の「場」へ

　様々な時間帯や頻度の「時」と，CCAや公園のような公共空間から2つの街区公園周辺まで広げたスケールの「空間」，そして，地域の歴史や掃除等，属性を問わず，広く関心の高い参加しやすい「テーマ」を組み合わせた，「場」を重ねて運営したところ，地域内外の多様な人たちが，それぞれの「場」に参加する姿が見られた。そして，顔が見えるつながりの中から，対話を通して信頼や共感が生まれ，新たな「場」の運営に関わるような協働が生まれてきた。

　地域を構成する人たちがますます多様になる中，コミュニティの再構築を図るために，様々な「場」の運営を通して明らかになった，つながりから協働の「場」が生まれるポイントを挙げる。

191

3-1　多様な「場」を重ねながら巻き込む

　世代や業種等の属性によって，参加可能な「時」・「空間」，関心のある「テーマ」は異なるため，地域の多様な人たちの参加を促すためには，要素の異なる「場」を重ねて運営することが有効であった（**図表9-11**）。「場」を重ねるとは，一定のテーマの「場」を，毎月や毎年と継続して運営したり，同日に，異なる「場」を連続して運営することである。例えば，クリエイティブ・サロンは毎月開催し，サーカスは毎年開催，Community meetingは，公園掃除の後に，卓球大会や交流会のような「場」を連続して運営した（**図表9-12**）。

　多様な人たちを惹きつけるテーマには，「あわざスタイル，せともん町」や「思い出の古写真展」のような地域の歴史文化があり，居住歴や世代等が異なっても，同じ地域という共通性から対話が生まれた。重層的に「場」があると，多様な人たちの参加を促すのみならず，対面交流する機会が増え，その中から，信頼や共感が生まれ，Park Lab.のような新たな「場」が生まれることになった。

　そして，それぞれの「場」のマネジメントで重要なことは，広く参加を促す

図表9-11　多様な「場」を重ねて運営

場	2010年 8~12	2011年 1~12	2012年	2013年	2014年 1~9 · 10 11 12	2015年	2016年
クリエイティブ・サロン	●●●●●	●●●●●	●●●●●●●●●●●●	●●●●●●●●●●●●	●●●●●●	●●●●●●●●	
CCA OPEN!			●●●●●●●●●●●	●●●●●●●●●			
あわざスタイル,0		●					
あわざスタイル.01・02			●	●			
Community meeting			●●●●●●	●●●●●●●●●			
アワザサーカス				●			
新町・アワザサーカス					●	●	●
あわざスタイル，せともん町		●					
思い出の古写真展					●●●		
街区公園勉強会				●●●●●●			
Park Lab.					●●	●●●●●●●●	●●

●は運営した月
出所：筆者作成。

192

図表9-12 Community meeting の案内チラシ

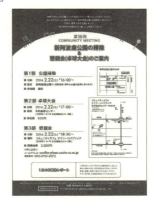

出所：筆者作成。

ために，SNS等を活用した広報を工夫すること，そして，参加者同士の顔が見えるように対話を引き出すこと，さらに，個々の関心に応じた他の「場」へ誘導すること，総じて，新たな参加者・サポーター・コアメンバーを発掘し，巻き込んで育成することが求められる。

3-2 つながりの触媒となる「場」

クリエイティブ・サロンやCCA OPEN!，そしてCommunity meetingのように，毎月定期的に開催する「場」を持続することは，多様な人たちの参加を促すが，つながりや広がりのスピードは比較的ゆっくりしている。そのため，「場」の運営に対するモチベーションを，持続するのが難しくなってくることから，つながりから協働への触媒となる「場」として，誰もが気軽に立ち寄れる地域の公園で，サポーター，実行委員と多くの人を巻き込んで開催したアワザサーカスや新町・アワザサーカスは，つながりをつくるのが困難であった地域で働く人，マンション居住者，専門学校，企業や店舗等へ一気に広がった。

その際，「場」のデザインが重要であり，サーカスは，地域にオフィスのある著名なアート・ディレクターが，実行委員の一人としてデザインしているこ

とで，感度の高い若い世代や，顔の見えにくいマンションに住む住民や就学前の子どものいるファミリー層を惹きつけた。

また，多くの規則で活用が容易でない公園のような公共空間での「場」は，様々な専門家の他，幅広く地域の人たちの参加を促した。街区公園は，公園を中心に半径500m程度に住む人が利用することを想定してあり，日常の生活でばったり顔を合わすぐらいのスケールであることから，公園を中心につながりが生まれ，日常的な交流へと発展した。

3-3 「場」の空間スケールの広がりと有機的なつながり

新町・アワザサーカスで，2つの公園と周辺地域を含む「場」のスケールの広がりによって，より多くの多様な人が参加し，その中から日常的な交流と，新たな「場」や地域活動が生まれた。10人程度入ればいっぱいというCCAでスタートした「場」は，明治地域，そして西六地域へと空間スケールを拡大しながら，より多様な人たちの参加を促した。そしてクリエイティブ・サロンやCommunity meeting等，それぞれの「場」に参加し，そこでつながった人が誘い合って他の「場」にも参加するようになり，地域内外の他の「場」ともつながりながら，空間スケールはさらに広がる可能性が見られた（図表9-13）。

地域コミュニティでは，それぞれの「場」で中心となるコアメンバーと，緩やかなつながりのサポーターや参加者の層をいかに厚くしていくかが大切だ。それぞれの「場」を人が活発に移動することによって，「場」が有機的につな

図表9-13 「場」の空間スケールの広がりと有機的なつながり

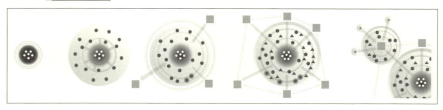

出所：筆者作成。

がり，さらに多様な人の参加が促されることで，地域のコミュニティは再構築
されていくだろう。

〈参考文献〉

上野信子（2015）『「創造の場」のデザイン：地域コミュニティにおける「場」から「創造の
　　場」へクリエイティブセンター阿波座（CCA）2010-2015　URP Report Series No.32
　　March, 2015』佐々木雅幸監修，大阪市立大学 都市研究プラザ。

第 | 10 | 章

大学と地域，行政，NPOの連携

はじめに

　学生が地域の現場に入り，住民や地方自治体，NPOなどと共に地域の課題やまちおこしに取り組み，その活性化に貢献する動きが盛んになってきている。活動事例は多種多様にわたるが，本章では学生が地域に関連するデジタルコンテンツを制作し，各種イベントを盛り上げるのを支援するという事例を取り上げ，成功の要因や教育的効果，大学，地域，行政，NPOの連携のポイントについて考察する。

1　大学の地域連携に対する参画意識の高まり

　学生という多くの若者が継続的に集まるにぎわいの源泉であり，また多彩な知識や人材が集積すると認識される大学は，地域社会の構成員としてその課題を共に解決し，活性化や新たな価値創造への積極的な関与が求められている[1]。

　これまでどちらかと言えば中立的であった大学は，社会の成熟や低経済成長，18歳人口の減少といった社会環境の変化に直面し，生き残りのためにその存在価値を再定義する中で，地域コミュニティの中核的存在としての機能強化を目指すようになってきたのである。

文部科学省委託調査「平成26年度開かれた大学づくりに関する調査研究」の調査報告[2]によれば，「学生の地域貢献活動を推進すること」に取り組んでいる大学は平成25年度には80.8％にのぼり，平成23年度との比較で10.5ポイントの上昇となっている。また「地域連携に関する専門機関・組織がある」との回答が平成25年度は68.4％となり，平成23年度の57.5％から10.9ポイント増加していて，地域に対して組織的に関わろうとする姿勢がうかがわれる。

　学生の地域貢献活動の目的としては，「地域の多様な人々との交流を通じた学生のコミュニケーション能力を育成するため」87.1％や「学生の課題発見能力，問題解決能力を高めるため」78.7％に示されるように，大学が地域貢献活動に教育効果を期待していることが読み取れる。

　活動事例は多種多様であるが，代表的な事例として次のようなものがある[3]。

- 地域資源発掘，地域振興プランづくり，地域マップづくり，地域の教科書づくり
- 地域課題解決に向けた実態調査

図表10-1　地域と大学にとってのメリット

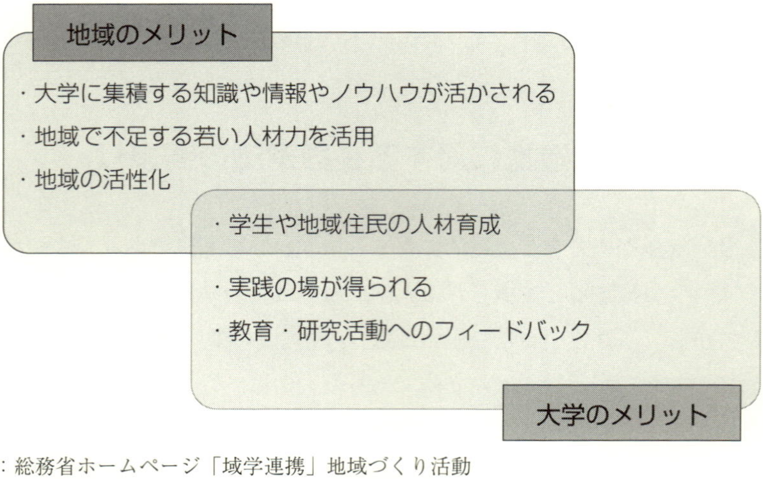

地域のメリット

・大学に集積する知識や情報やノウハウが活かされる
・地域で不足する若い人材力を活用
・地域の活性化

・学生や地域住民の人材育成

・実践の場が得られる
・教育・研究活動へのフィードバック

大学のメリット

出所：総務省ホームページ「域学連携」地域づくり活動
　　　（http://www.soumu.go.jp/main_sosiki/jichi_gyousei/c-gyousei/ikigakurenkei.html
　　　2016年9月19日アクセス）

第10章　大学と地域，行政，NPOの連携

- 地域ブランドづくり，地域商品開発，プロモーション
- 商店街活性化策検討，アンテナショップ開設
- 観光ガイド実践，海外観光客向けガイドブックづくり
- 環境保全活動，まちなかアート実践，子ども地域塾運営，高齢者健康教室
　運営　　　　　　　　　　　　　　　　　　　　　　　　　　　　　　など

また地域および大学双方において，**図表10-1**に示すようなメリットが期待
される。

2　地元商店街活性化への参画の経緯

まずは，ケースとして取り上げる地域活性化事業の紹介と，それら事業への
参画・取り組みに至る経緯について，段階的に整理する。

2-1　愛知県蒲郡商店街「福寿稲荷ごりやく市」

名古屋市の東約50kmに位置する愛知県蒲郡市には，JR・名古屋鉄道蒲郡駅
を中心に点在する中央通り発展会をはじめとした，7つの発展会で形成される
蒲郡商店街がある。店主の高齢化や後継者不足により，店舗数は全盛期の半数
ほどに減少しているが，その現状を打破し，かつての賑わいを取り戻すべく
「福寿稲荷ごりやく市」が開催されるようになって，2014年9月に10周年を迎
えた。福寿稲荷ごりやく市（以下ごりやく市）は，毎年6回3, 4, 5, 9, 10,
11月の第4日曜日に，蒲郡駅北の中央通りで開催される。中央通りの400mが
歩行者天国となり，市内・外からの一般公募による出店者と地元商店街からの
出店者でカラフルなテントが並ぶほか，落語や大道芸，ちんどん屋，和太鼓演
奏，ダンスなど多岐にわたるイベントが用意される。

ごりやく市のマスコットキャラクター「こんきち」は，近年のご当地ゆる
キャラブームもあり認知度を高め，ごりやく市を盛り上げる。また，「第3回
全国ご当地うどんサミット in 東近江」でグランプリに輝いた，アサリの出汁
が効いた「ガマゴリうどん」も頻繁に出店され，毎回5,000人ほどが訪れる地

199

図表10-2　ごりやく市の様子

出所：筆者撮影。

元ではよく知られたイベントとなっている。

2-2　ごりやく市参画への経緯・きっかけ

　ごりやく市は2007年9月に第1回目が開催されたが，商店街主体の実施であった。徐々にNPOや地元の幼稚園，小学校，中学校，高校，ボランティア団体などと連携するようになり，現在は地域全体で「ごりやく市」を支えている。

　愛知工科大学は，1987年4月開学の愛知技術短期大学を前身として2000年4月に開学された，蒲郡市内唯一の大学である。「蒲郡フリーダム研究部」などの地元イベントを支援するボランティアサークルが，商店街からの声かけによって，2009年9月からごりやく市で子どもが楽しめるようなパターゴルフや綿菓子などを出店している。

【第1段階】

　2008年2月に，蒲郡商工会議所，愛知工科大学，蒲郡市をはじめとする産学官関係団体等のネットワークを形成し，連携による新技術・新ビジネスの研究

第10章　大学と地域，行政，NPOの連携

開発等の推進を図り，地元産業の振興及び地域の活性化並びに地域の課題の解決を図るための場として，がまごおり産学官ネットワーク会議が設立された。県内企業の各種取り組みを紹介する講演会や交流会などの開催を通じて，大学と地域，行政との交流が盛んになり始めた。

【第2段階】

　がまごおり産学官ネットワーク会議主催の講演に関連した「企業，個人事業主のためのソーシャルメディアで情報発信！」というパソコン実習講座を，2014年2月に愛知工科大学情報メディア学科加藤研究室が担当したことから，情報技術を地域の活性化に活用できないかという気運が高まってきた。

【第3段階】

　2014年9月のごりやく市が10周年の節目を迎えるにあたり，商店街の魅力を新しい方法で伝え盛り上げようと，加藤研究室からプロジェクションマッピングとスマートフォンゲームの出展が提案される。蒲郡市役所商工観光課，商店街役員に対して事前にデモンストレーションを示して，内容理解の場も設けた。プロジェクションマッピング上映のための空き店舗の提供や昼間の上映ということから暗幕の用意など，商店街や市役所から全面的な協力を得られた。ごりやく市のチラシや蒲郡市ホームページへの掲載もあり，100人を超える観覧者があった。仕組みに関する質問も何度か出るなど，大盛況であった。

【第4段階】

　2014年11月のごりやく市では，9月出展の内容をより高度化したプロジェクションマッピングの第2弾を上映した。これらをきっかけに，継続的なごりやく市への出展が要請されたり，商店街以外の地域イベント等への出展問い合わせが相次ぐようになった。

201

3 デジタルコンテンツによる商店街活性化

商店街活性化のために制作・出展されたデジタルコンテンツ作品の概要は，次のとおりである。

3-1 商店街を舞台としたスマートフォンゲームの開発 2014年

商店街キャラクターこんきちが商店街をめぐり，個店から出題されるクイズに答えてポイントを集めるスマートフォンゲームである（図表10-3）。ポイントはごりやく市当日に景品と交換できる。個店の写真やイラストと共に紹介文が表示されるが，そこにクイズのヒントが隠されていることもある（図表10-4）。クイズは，人気商品を答えるものなど，実際の店頭で確認しないと答えられないものもあり，O to O（Online to Offline）の要素を取り入れている。

スマートフォンの機種を限定せず，アプリをインストールすることなく手軽に楽しめるように作成されている。

図表10-3　スマートフォンゲームの画面

出所：筆者撮影。

図表10-4　個店の紹介文

出所：筆者撮影。

第10章　大学と地域，行政，NPOの連携

3-2　商店街を盛り上げるプロジェクションマッピングの制作　2014年

　ごりやく市を楽しく紹介したり，こんきちが世界や時代を超えて冒険する内容で，空き店舗を利用して，自作のほこら型，鳥居型，こんきち型の3つのスクリーンにプロジェクションマッピングで投影するものである（**図表10-5**）。

図表10-5　自作スクリーンへの投影

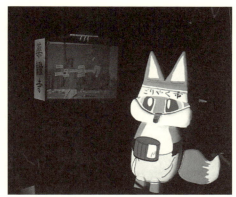

出所：筆者撮影。

図表10-6　上映後のクイズ出題の様子

出所：筆者撮影。

203

上映後に内容に関するクイズが出題されることを事前に告知し，注意深く見てもらえるようにしている。クイズ正解者には，ごりやく市で出店されているゲームコーナーの無料券を配布することで，より盛り上がりをみせた（図表10-6）。

4　地元商店街活性化から地域活性化，社会貢献へ

ごりやく市での取り組みが好評を得て，地元商店街以外からもいくつかの出展要請があり，地域や社会貢献へとその活用範囲が拡大されていった。その都度テーマに合わせた内容で，各コンテンツは制作された。

4-1　地元の冬まつりを盛り上げるプロジェクションマッピングの制作 2014年

蒲郡市冬まつりのテーマである「願いのツリー」に関連する内容で，屋外の科学館外壁へプロジェクションマッピングを上映した（図表10-7）。新たに科学館，商工会議所との関わりも生まれた。200名以上の観覧があった。

図表10-7　生命の海科学館外壁へのプロジェクションマッピング

出所：筆者撮影。

第10章　大学と地域，行政，NPOの連携

4-2　廃線危機のローカル鉄道を応援するプロジェクションマッピングの制作　2015年

　廃線危機となっているローカル鉄道を応援するため，自作の電車型スクリーンに対して利用促進のプロジェクションマッピングを科学館内で投映した（図表10-8）。子どもの顔を運転手としてその場で映し出したり，電車への応援

図表10-8　電車型スクリーンへのプロジェクションマッピング

出所：筆者撮影。

図表10-9　電車への応援メッセージ

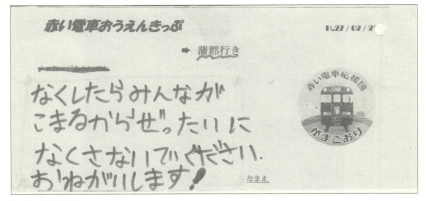

出所：筆者撮影。

205

メッセージ（**図表10-9**）を電車型スクリーン貼りつけたりして，参加型の仕組みを取り入れた。約150名の来場を得た。

4-3　大阪市東成区役所「色覚体験イベント」　2016年

色覚障害を正しく伝えることを目的に活動するNPO法人True Colors（大阪

図表10-10　色覚障害者が見ている風景を疑似体験するプロジェクションマッピング

出所：筆者撮影。

図表10-11　色の識別の違いを体験するワークショップ環境

出所：筆者撮影。

市中央区）からの依頼で，地域市民へ色覚障害への意識化を促進する「色覚体験イベント」に，次の3つのデジタルコンテンツを制作・出展した。

- 色が見える仕組みを楽しく解説するアニメーション
- 色覚障害者が見ている風景を疑似体験するプロジェクションマッピング（**図表10-10**）
- 緑色の光の中では，色の識別が通常と異なることを体験するワークショップ環境（**図表10-11**）

2日間で約180名の来場があり，仕組みへの質問や出展への相談も相次いだ。

4-4　名古屋市南区笠寺観音商店街「納涼夏祭り」　2016年

名古屋市笠寺観音商店街夏祭りにおいて，商店街の各種の取り組みを広く紹介する「笠寺を，もっと楽しもう」というプロジェクションマッピングを制作・出展した（**図表10-12**）。空き店舗2階部分の正面と左側に投影するもので，次年度への継続出展要請があった。

図表10-12　「笠寺を，もっと楽しもう！」プロジェクションマッピング

出所：筆者撮影。

5　協働の成功要因と教育的効果

5-1　協働の成功要因

　これまでの出展内容をまとめたものが，**図表10-13**である。

　継続的にプロジェクションマッピングを中心とするデジタルコンテンツ制作による地域・社会貢献の機会が得られているのは，特に地元蒲郡商店街「ごりやく市」での取り組みで高評価と成果を感じることができたからと考えられる。有名テーマパークなどがプロジェクションマッピングをイベントに導入して認知度も高まる中，地域に密着したテーマや内容で，身近な商店街で気軽に観られるということで，新しい試みとしての話題性[4]も十分であった。

　10年70回以上続くごりやく市の活動を引っ張るのは商店街の役員であるが，市役所の担当者やまちづくりNPOなどの各協働プレーヤとは，緩やかながらも良好な信頼関係が確立されている。新しい試みへの積極的な取り組み姿勢があり，市役所の担当者も大学の研究室に訪れ，地域活性化への新しいヒントを収集することもある。そのため，これまでにないデジタルコンテンツというものが，どのように商店街イベントに活かされるのか，興味を持って受け入れが歓迎され，実現に向けて積極的な支援が得られた。

　　過去に行政が主体で商店街イベントを実施したこともあったが，商店街としては誰かがやってくれるだろうと思ってしまい，うまくいかなかった。また商店街だけでイベントをやったこともあったが，マンネリ化しやすく，みんな疲れ切ってしまった。いろいろとアイデアを練り直し，市民団体やNPOのみなさんの意見を取り込みながら，みんなで盛り上げようという方向性になって活気を取り戻すことができた。（商店街振興組合小田裕己理事長インタビュー）

第10章　大学と地域，行政，NPOの連携

図表10-13　出展内容のまとめ

実施日	出展イベント	出展内容	主な協働プレーヤ
2014年 9月28日	蒲郡商店街 「第62回ごりやく市」	• プロジェクションマッピング 「ごりやく市の紹介」 • スマートフォンゲーム 「商店街探索クイズゲーム」	商店街 まちづくりNPO 市役所
2014年 11月23日	蒲郡商店街 「第64回ごりやく市」	• プロジェクションマッピング 「こんきちの大冒険」	商店街 まちづくりNPO 市役所
2014年 11月29日	蒲郡市冬まつり	• プロジェクションマッピング 「願いの木」	冬まつり実行委員 会　まちづくり NPO 市役所 商工会議所
2015年 2月21日	蒲郡市生命の海科学 館 ワークショップ	• プロジェクションマッピング 「にしがま線を大応援！」	生命の海科学館 市役所
2015年 4月26日	蒲郡商店街 「第66回ごりやく市」	• プロジェクションマッピング 「赤い電車を応援！」	商店街 まちづくりNPO 市役所
2015年 11月22日	蒲郡商店街 「第70回ごりやく市」	• プロジェクションマッピング 「ごりやく市70回の軌跡」	商店街 まちづくりNPO 市役所
2016年 3月5日， 6日	大阪東成区役所 「色覚体験イベント」	• 説明アニメーション 「色が見える仕組み」 • プロジェクションマッピング 「色覚障害疑似体験」 • ワークショップ環境 「色が見える違いを体験」	大阪東成区役所 カラーバリアフ リー推進共同体[5]
2016年 8月9日	笠寺観音商店街 「納涼夏祭り」	• プロジェクションマッピング 「笠寺を，もっと楽しもう」	商店街 まちづくりの会

出所：筆者作成。

　また，これまでに愛知工科大学の地域貢献サークルが，ごりやく市にゲーム
コーナーや綿菓子模擬店の出店実績があり，その活動が評価を得ていたことも

209・

あるが，学生の活動を好意的に受け入れてくれる体制があった。

　　　工科大の学生さんは，活動的で一所懸命やってくれて助かっています。
　　これからも継続的な協力をお願いしたいですね。（市役所観光商工課水野
　　竜一氏インタビュー）

5-2　教育的効果

　教育的効果については，次の点が挙げられる。

　地元や商店街を理解することで，新たな地域の魅力を知り愛着が醸成された。
そしてその良さをどのように映像で表現しPRするかを考えることで，企画力・
表現力を実践的に身に付けることができた。また来場者に見合った方法で説明
を行ったり，盛り上げ方を工夫したことで，コミュニケーション能力の向上が
感じられた。

　そして商店街，市役所，まちづくりNPOとの関わりから地域コミュニティ
の構造を知り，また価値の共有を通して自分たちも地域の一員であることの自
覚を持てるようにもなった。

　商店街側から学生の活動についてノルマ的な要求がされることはなく，学生
のやりたいという思いに応えるスタンスは，能動的行動ややる気を大きく向上
させたと言えよう。小田理事長の次の言葉からも，受け入れ側の寛容さを感じ
取ることができる。

　　　学生さんが社会に出てから役立つ人とのつながりや，想い出など何かプ
　　ラスになればいいと思っています。（商店街振興組合小田裕己理事長イン
　　タビュー）

　教室で学んだ学問的な知識・技能を，地域社会の諸課題を解決するために組
織された社会的活動に生かすことを通して，市民的責任や社会的役割を感じ取
るサービスラーニングを，自然な形で実践されたことを確認できた。

第10章　大学と地域，行政，NPOの連携

6　まとめ

　国土交通省都市・地域整備局「地域の雇用創出のための知の拠点再生推進方策検討調査[6]」には，地域活性化推進上の4つの視点が整理されている。これに従い，今回の取り組みを検証してみる。

●視点1：大学との連携には，地域課題解決に熱意を持って活動する民の力（地域住民，NPO等の市民活動組織，地場企業諸団体）が必要。

　商店街をはじめとする地域の人々の，盛り上げたいという強い思いや熱意，やる気が主体となり，大学を巻き込んでいる。大学にコーディネートや専門的知見からのアプローチを期待しているわけではなく，その活動主体はあくまで商店街である。

●視点2：地域と大学の仲介をする自治体の相談窓口・仲介機能の存在が重要。

　仲介役の蒲郡市役所観光商工課は，これまでも商店街「ごりやく市」を積極的にサポートしていて，今回も商店街と大学の仲介や相談窓口としても十分な機能を果たしている。

●視点3：要望・ニーズが大学の理念と共有できる機会がある。

　ごりやく市の開催される月は，毎週月曜日にごりやく市会議が開かれる。和気あいあいとした雰囲気があり，お互いの意思疎通を図る良い機会となっている。

●視点4：地域側には，地域活性化に向けた試行取り組みに対応できる能力・体制が求められる。また，試行的取り組みを実践するための行政の支援措置が必要である。

　商店街だけでなく，市民団体，まちづくりNPOが良いかたちで協力し合い，新しい取り組みに対応しようとする姿勢・体制がある。それに対して市役所も前向きに取り組むといった雰囲気が確立されている。

　このように，各視点はどれも達成されている。これらに加え，協働プレーヤ

211

がお互いを強制しない緩やかな関係の中にも，自発的に相互協力しようという雰囲気があり，無理することなく新しいものを取り込んでいこうという姿勢が，大学，地域，行政，NPOとの連携を成功させるポイントになろう。

　地域連携活動への参加が学生の意識に与える影響を分析し，受入れ側の地域関係者の意識や協働プレーヤへの影響等を明らかにすることで，より効果的な大学・地域連携の方法や事業を創出することが可能となる。大学の社会に対する能動的な関わり方や社会形成に対する役割の果たし方について，さらなる検討が必要である。

（謝辞）

　本章を作成するにあたり，ご多忙中にもかかわらず，蒲郡商店街振興組合理事長の小田裕己氏，蒲郡市役所観光商工課の水野竜一氏，NPO法人音魂ネット理事長の志村昭彦氏には2015年11月22日に，インタビューにご協力いただいた。この場を借りて感謝の意を表したい。また出展場所の提供や事前のプロジェクションマッピングのデモンストレーションに参加いただいた，ごりやく市実行委員会役員の方々にも，併せて感謝の意を表したい。

〈注〉

1　2006年12月の教育基本法の改正により，大学の教育や研究の成果を広く社会へ提供することで社会の発展に寄与することが大学の新たな役割として規定された。これにより，大学が従来よりも能動的に社会と関わり，社会形成に対する役割を果たすことが強く求められるようになった。

2　調査の実施概要は次のとおり。

	実施概要
対象者	全国の大学・短期大学　1,122件
調査方法	郵送配布・郵送回収
回収率	95.7%（1,074／1,122） 　大学：95.2%（740／777） 　短大：96.8%（334／345）

3　具体的な事例の紹介は，総務省ホームページ「域学連携」地域づくり活動を参照。
http://www.soumu.go.jp/main_sosiki/jichi_gyousei/c-gyousei/ikigakurenkei.html

第10章　大学と地域，行政，NPOの連携

4　次の４つの新聞紙面に，記事が掲載された。

　・東愛知新聞2014年９月13日１面

　　『「PR映像スクリーンに投影　蒲郡ごりやく市を「こんきち」案内　愛知工科大生が制作」

　・読売新聞2014年９月16日朝刊名古屋版

　　『蒲郡「ごりやく市」をPR　愛知工科大が映像制作』

　・朝日新聞2014年９月17日朝刊三河版

　　『映像作品で商店街応援　蒲郡，地元の愛知工科大生が魅力PR』

　・中日新聞2014年９月17日朝刊東三河版

　　『蒲郡のホコ天「ごりやく市」工科大生が目玉動画』

5　本共同体は，NPO法人True Colors，NPO法人ライフスキル研究所，認定NPO法人　大阪NPOセンターで構成される。

6　http://www.mlit.go.jp/kokudokeikaku/souhatu/h18seika/11chiiki/11_kokudo_07honpen3.pdf

〈参考文献〉

加藤高明（2017）「デジタルコンテンツを活用した地域活性化・社会貢献」『愛知工科大学紀要』第14巻。

加藤高明（2018）「大学と地域，行政，NPOとの協働に関する考察」『愛知工科大学紀要』第15巻。

小林英嗣／地域・大学連携まちづくり研究会（2008）『地域と大学の共創まちづくり』学芸出版社。

佐々木利廣・加藤高明・東俊之・澤田好宏（2009）『組織間コラボレーション』ナカニシヤ出版。

友成真一（2004）『「現場」でつながる！地域と大学』東洋経済新報社。

終章

協働から
コレクティブインパクトへ

1 地域協働の組織論が目指すもの

　これまで各章において，地域の現場で起こりつつある協働の姿を丁寧に紹介するという作業を行ってきた。具体的には，山形県のラスク専門店シベールが行うシベールアリーナを通じてのメセナ活動（第2章），栃木県益子町での益子焼データベースプロジェクトや濱田庄司登り窯復活プロジェクト（第3章），兵庫県豊岡市役所での協働型プログラム評価の実践（第4章），豊岡市副市長による東京アンテナショップ事業と城崎温泉インバウンド事業の実践（第5章），新潟県と福岡県でのNPOの収益事業への挑戦（第6章），岩手県雫石町での地域交通システムとしての"あねっこバス"の導入（第7章），中間支援組織としての大阪NPOセンターの"志"民ファンドとCB・CSOアワード事業（第8章），大阪市における創造の場としてのアワザサークルの運営（第9章），愛知県蒲郡市でのデジタルコンテンツによる商店街活性化（第10章）などである。

　そしてそれぞれの地域で，企業や行政やNPO団体やボランティア団体さらには大学等が，様々なかたちの協働を志向しながら地域の活性化や地域創生を目指している姿を時系列的に描写しようとした。こうした協働の過程は，企業

215 •

とNPOの関係だけにとどまらずに，企業と行政の関係，大学と地元商店街の関係，さらには企業とNPOと行政の関係，など多方面にわたっている。まさにクロスセクター協働あるいはマルチセクター協働といえる内容である（佐々木他　2009）。

　こうした多様なセクターが協力しながら社会課題を解決するような地域協働の仕組みを促進するためには何が必要なのか，さらに地域協働を促進しようとするときにどのような課題に直面するかについて本章で述べておきたい。もちろん地域協働の促進要因の全てを抽出することも不可能であるし，直面する課題の全てを列挙することも難しい。そこで地域協働を組織論の視点から分析するときのクリティカルな要因のみを考えることにしたい。

　組織論の視点から地域協働を考えるときに第一に考えるべきことは，地域課題の多様性や重層性や連続性である。地域活性化・まちづくり，環境，人材育成・自立支援，教育・子育て，社会的事業支援，福祉・保育・医療，農業，国際協力，文化・芸術など地域が抱える社会課題は多様である。そしてそうした地域課題は，相互に重層的に関連しつつ，さらに大きな地域課題を生み出していることも多い。当然のことながら，こうした地域課題の全てを地方の行政組織が解決することは難しい。もともと協働という言葉が注目されるようになった背景には，こうした地域課題を地域に関わる人全てが関係する全体の課題と捉え，多様なアクターがいかに協力することができるかが問われる時代になりつつあるという現実がある。

　二番目に考えるべき点は，地域課題の内容や解決策は地域によって少しずつ異なるという点である。同じように地域活性化・まちづくりといった課題に直面しているといっても，その地域の人口構成，歴史，基本的なインフラ，伝統などによって地域課題の内容は異なる。例えば，同じ買い物難民という地域課題であっても，運転免許を返還した途端に生じる都市部の買い物難民課題と過疎化が進む山村地域の買い物難民課題とでは大きな違いがある。異なる地域課題を前提にすると，課題解決策もまたそれぞれの地域によって異なることになる。ある地域での協働による課題解決策を他地域にどのように移転し定着させ

216

終章　協働からコレクティブインパクトへ

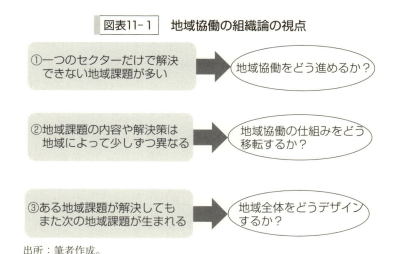

図表11-1　地域協働の組織論の視点

出所：筆者作成。

ながら，その地域の課題解決にどのようにつなげていくかがスケールアウトのテーマである。水平展開あるいは横展開といってもいい。

　第三に考えるべき点は，ある地域課題が解決してもまた次の地域課題が生まれるという創発性の問題である。これは地域に潜在化している一つの社会課題を解決しても，その課題解決だけでは全体の課題解決にはつながらないという問題である。このように，現在直面している社会課題は，(1) 大小の社会課題が重層的に関連している，(2) 同じ社会課題でも内容や解決策は地域によって異なる，(3) ある社会課題を解決してもまた次の社会課題が生まれる，(4) 一つのセクターだけで解決できない社会課題が多い，などの特徴を有している。こうした重層的で相互依存的課題を解決するためには，単独組織による単独的アプローチでは限界がある。まさに多様なアクターの協働による全体的成果を目指したコレクティブインパクトのアプローチが必要になる。

2　コレクティブインパクトの重要性

　前述したように，ソーシャルビジネスの世界ではこれまでの単独で単純な社

会課題から，多様な要因が複雑に交錯した複雑な社会課題を解決する必要性が増している。こうした複雑な社会課題解決へのアプローチとして注目されているのがコレクティブインパクトの議論である。Kania, J. and Kramer, M. (2011) によって初めて提唱されたコレクティブインパクト（Collective Impact）の議論は，米国での多様な実験が生まれたこともあり，まさにソーシャル・イノベーションにつながるようなケースも生まれている。

　コレクティブインパクトとは，特定の社会課題に対して，あるひとつの組織の能力で解決しようとするのではなく，企業，NPO，行政，市民などがセクターの境界を越え，相互に強みやノウハウを持ち寄ることで同時に社会課題に対する働きかけを行うことで課題解決や大規模な社会変革を目指すアプローチを総称する用語である。

　最も著名な例は，アメリカのシンシナティにおける教育課題解決プロジェクトとして「ゆりかごから働くまで」をスローガンに，幼稚園から小中高へと成長する過程で多様なプレイヤーが協働することで教育問題を解決するStrive Togetherのケースである。現在直面している大学生の学力問題は，中高はもちろん幼児にまで遡って取り組むことで解決可能な社会課題であることを認識し，多様な組織が連携したケースである。こうしたコレクティブインパクトの取り組みは，全米にスケールアウトされている。日本でも雑誌販売によって自立しながらも再び路上に戻ってしまうホームレスに対して，多様な職業訓練プログラムを提供するためにビッグイシューを含む20ほどの組織のネットワークによってコレクティブインパクトのアプローチが採用されている。

　Kania, J. and Kramer, M. (2011) は，コレクティブインパクトの成功条件として，共通のアジェンダ（Common Agenda），共通の評価システム（Shared Measurement System），相互支援活動（Mutually Reinforcing Activities），継続的なコミュニケーション（Continuous Communication），バックボーン支援組織（Backbone Support Organization）の５つを挙げているが，日本ではまだ一部の例外の除き成功例は少ない。その理由として，共通のアジェンダや共通評価の仕組みが，上からのトップダウンで策定されることが多く，下からの

• 218

終章　協働からコレクティブインパクトへ

ボトムアップ型の参加志向になっていないこと，効果的な連携や協働の過程についての知識が共有されていないこと，またバックボーン支援組織としての中間支援組織が未成熟であること，必要な資金や人材が十分に確保できないこと，などが提起されている。

　しかし日本でコレクティブインパクトが定着しない最も大きな要因は，企業とNPOの協働，さらには企業とNPOと行政の協働体験が乏しいことから派生する異種組織間での共感度の低さではないだろうか。企業の収益性と社会性のバランスに日々迷っている企業のCSR担当者の価値観を，NPO代表が本来の意味で共感することは難しい。逆に慈善型NPOから事業型NPOへと転換することの難しさを営利志向企業の社員が共感できずに，却ってもどかしさを感じることが多いかもしれない。さらに課題解決に向けて奮闘するNPOの代表やスタッフの意思や気持ちを，行政担当者が真に理解することは難しい。コレクティブインパクトの議論にこうした共感システムの要素を加えることで，初めて日本でも複雑な社会課題への解決アプローチとしてコレクティブインパクトが有効な仕組みになるのではないか。

3　共感システム形成のためのハイブリッド組織

　社会企業家がソーシャルビジネスを実行しようとするときに，どのような組織形態を選択するかの意思決定に直面する。通常は社会的動機に比べて経済的動機が相対的に強い場合は株式会社形態が採用され，逆に経済的動機に比べて社会的動機が相対的に強い場合はNPO法人など非営利形態が選択される。しかしNPO法人と株式会社法人を併設し，2つの組織を使い分けるという方法も存在する。こうしたNPO法人と株式会社法人のハイブリッド組織形態を採用している団体も多い。

　ハイブリッド組織形態を採用する理由は様々であり，その組織が社会課題をどのように解決しようとしているかの戦略志向に依存する。最も一般的な理由は取引の有効性からの説明である。例えば行政からの委託事業や様々な支援を

219

得る場合は，株式会社形態よりもNPO法人のほうがスムーズに進むことも多い反面，企業との取引の場面では，NPO法人よりも株式会社形態が信用される場合が多い。第二の理由は，資金のシフト面からの説明である。株式会社形態の組織を通じて得られた事業収益の一部を，収益事業に向かないNPO法人へと還元することで，全体として社会課題の解決につなげていくという仕組みをデザインしている組織も多い。第三の理由は，NPO法人の株式会社化を通じて社会課題解決の累積的進化を続けるという理由からの説明である。多様な社会課題の解決をNPO法人を通じて進めていくなかで，成長可能で持続可能な社会的事業のみを株式会社化していくという戦略の一環としてハイブリッド組織形態を採用しているケースもある。

　こうしたハイブリッド組織形態の運用を通じて，社会企業家は株式会社形態のメリットや限界，さらにはNPO法人のメリットや限界を認識し，両方の組織形態についての知識を学習していく。この過程を通じて，企業とNPOが協働するポイントや協働の破綻防止へのヒントを学習していく。それは単に知識レベルだけではなく，情的レベルや感覚的レベルの学習も含まれる。こうした共感システム形成こそが，コレクティブインパクトの実現の基盤につながることになると思われる。

　これまでの協働の議論をさらに進展させていくためには，協働とコレクティブインパクトの異同を考えながら，どのように地域をデザインしていくか，あるいは地域を変革していくかを考えていく必要がある。日本においても，少しずつではあるが，こうした動きが生まれつつある。協働の良さを継承しながら，日本型コレクティブインパクトへのシフトが進んでいくことを期待したい。

〈参考文献〉

Kania, J. and Kramer, M. (2011) "Collective Impact," *Stanford Social Innovation Review*, winter, pp.36-41.

佐々木利廣・加藤高明・東俊之・澤田好宏（2009）『組織間コラボレーション：協働が社会的価値を創造する』ナカニシヤ出版。

索　引

欧・数

Community meeting ················ 182
INORIプロジェクト ················ 114
marugocociプロジェクト ·········· 114
NPO ······························· 145
NPOの失敗 ························· 79
Strive Together ···················· 218

あ行

愛知工科大学 ······················ 200
新しい公共 ·························· 1
新しい公共経営 ···················· 62
あねっこバス ······················ 124
アワザサーカス ···················· 189
アンテナショップ事業 ·············· 81
意識変容プロセス ·················· 89
インセンティブ ···················· 139
インバウンド事業 ·················· 85
エイブルアート ···················· 111
大阪NPOセンター ·················· 160

か行

介入 ······························· 20
学生の地域貢献活動の目的 ·········· 198
がまごおり産学官ネットワーク会議 ··· 201
蒲郡市 ························ 199, 200
蒲郡市冬まつり ···················· 204
蒲郡商工会議所 ···················· 200
蒲郡商店街 ························· 199
企業間協働 ························· 120
共感システム ······················ 219
協働 ······························· 1

協働型プログラム評価

協働型プログラム評価 ·············· 64
協働の「場」 ······················· 191
共有意識 ··························· 140
空間 ······························· 177
空間スケール ······················ 194
熊と森の水 ························· 97
クリエイティブ・サロン ············ 180
クロスセクター協働 ················ 216
弦地域文化支援財団 ················ 36
公共管理 ··························· 61
コミュニティ ······················ 15
ごりやく市 ························· 199
コレクティブインパクト ········ 169, 217

さ行

サービスラーニング ················ 210
シェアリング ······················ 10
色覚体験イベント ·················· 207
事業型NPO ························· 97
資源依存パースペクティブ ·········· 23
慈善型NPO ························· 121
地場産業 ··························· 44
シベールアリーナ ·················· 30
社会関係資本 ······················ 45
障害者ブランド ··············· 98, 111
新公共ガバナンス ·················· 63
スケールアウト ··············· 121, 217
スケールアップ ···················· 97
スマートフォンゲーム ·············· 201
制度 ······························· 57
正統（当）性 ······················· 57
戦略的地域貢献 ···················· 30
創発 ······························· 17

221

ソーシャルビジネス ……………… 38, 217
組織間関係論 ………………………… 17

た行

大学，地域，行政，NPOとの連携を成功
　させるポイント ……………… 212
地域 ………………………………… 15
地域課題 …………………………… 216
地域活性化推進上の4つの視点 … 211
地域活性化（まちづくり）………… 16
地域協働 ……………………………… 1
地域公共交通ガバナンス ………… 139
地域コミュニティ ………………… 175
地域と大学にとってのメリット … 198
地域のアイデンティティ …………… 43
地域フィクサー …………………… 14
地域ブランド ……………………… 45
中間支援組織 ……………………… 146
調整組織 …………………………… 152
デジタルコンテンツ作品 ………… 202
デマンドバス ……………………… 123
電車への応援メッセージ ………… 205
伝統産業 …………………………… 43
伝統的工芸 ………………………… 44
伝統的工芸品 ……………………… 44
栃木県益子町 ……………………… 47

な行

名古屋市笠寺観音商店街夏祭り …… 207

ノットワーキング ……………… 18, 24, 156

は行

場 …………………………………… 175
パークラボ ………………………… 190
パートナーシップ …………………… 6
ハイブリッド組織形態 …………… 219
ビジネスモデル …………………… 135
日々のてまひまプロジェクト …… 114
福寿稲荷ごりやく市 ……………… 199
フレキシブルコア（flexible-core）協働 …… 24
プロジェクションマッピング …… 201

ま行

マルチコア（multi-core）協働 …… 24
マルチセクター・コラボレーション …… 17, 24

や行

有機的なつながり ………………… 194
よそ者 ……………………………… 80
よそ者のカマス効果 ……………… 91
弱い紐帯の強さ …………………… 17

ら行

ローカル鉄道を応援 ……………… 205

■執筆者紹介 （五十音順）

東　俊之（あずま　としゆき）………………………………… 第1章(4-6節)，3章
長野県立大学グローバルマネジメント学部准教授

上野　信子（うえの　のぶこ）…………………………………………… 第9章
大阪市北区役所区長

加藤　高明（かとう　こうめい）………………………………………… 第10章
愛知工科大学工学部情報メディア学科教授

佐々木　利廣（ささき　としひろ）………………………… 第2，6，7，終章，編集
京都産業大学経営学部教授

塚本　淳子（つかもと　じゅんこ）………………………………… 第1章(1-3節)
特定非営利活動法人ソーシャルビジネスサポートセンター理事

堀野　亘求（ほりの　のぶひで）………………………………………… 第8章
認定特定非営利活動法人大阪NPOセンター事務局長

真野　毅（まの　つよし）………………………………………………… 第4，5章
長野県立大学グローバルマネジメント学部教授

〈編著者紹介〉

佐々木 利廣（ささき としひろ）

1974年 明治大学政治経済学部経済学科卒業
1976年 明治大学大学院経営学研究科修士課程修了
1980年 明治大学大学院経営学研究科博士後期課程単位取得退学
1980年 京都産業大学経営学部専任講師，助教授を経て，1991年から京都産業大学経営学部教授，その間ノースカロライナ大学チャペルヒル校社会科学研究所（IRSS）で客員研究員を歴任。
主な著作：
著書『現代組織の構図と戦略』（中央経済社，1990年），『組織間コラボレーション』（ナカニシヤ出版，2009年，共著），『動物園マネジメント』（学文社，2013年，共著），『入門 企業と社会』（中央経済社，2015年，共著）

〈編者紹介〉

認定特定非営利活動法人 大阪NPOセンター

1996年民間の中間支援組織として設立され，大阪で初めてNPO法人格を認証された団体。社会に活力を与え，社会変革をめざす志のあるNPOを支援する民間のサポートセンターとして数多くの事業を手掛けている。

地域協働のマネジメント

2018年6月25日　第1版第1刷発行

編著者	佐 々 木　利 廣
編　者	認定特定非営利活動法人 大阪NPOセンター
発行者	山 本　　　継
発行所	㈱中央経済社
発売元	㈱中央経済グループ パブリッシング

〒101-0051　東京都千代田区神田神保町1-31-2
電　話　03 (3293) 3371 （編集代表）
　　　　03 (3293) 3381 （営業代表）
http://www.chuokeizai.co.jp/
製版／三英グラフィック・アーツ㈱
印刷／三 英 印 刷 ㈱
製本／㈲井 上 製 本 所

© 2018
Printed in Japan

＊頁の「欠落」や「順序違い」などがありましたらお取り替えいたしますので発売元までご送付ください。（送料小社負担）

ISBN978-4-502-26821-2　C3034

JCOPY〈出版者著作権管理機構委託出版物〉本書を無断で複写複製（コピー）することは，著作権法上の例外を除き，禁じられています。本書をコピーされる場合は事前に出版者著作権管理機構（JCOPY）の許諾を受けてください。
JCOPY〈http://www.jcopy.or.jp　e メール：info@jcopy.or.jp　電話：03-3513-6969〉

好評発売中

入門 企業と社会

人間が1人で生きられないのと同様に，企業も単独では存続できないという当然の事実からスタートして，最終的に「社会における企業」という視点の重要性が学べるテキスト。

佐々木利廣・大室悦賀〔編著〕
A5判・252頁
ISBN：978-4-502-16111-7

◆本書の主な内容◆

第1章　企業と社会の見方	第8章　企業と地域・NPO
第2章　経営スタイルの変遷	第9章　企業と行政
第3章　コーポレート・ガバナンス	第10章　企業社会の「つながり」と社会的課題のガバナンス
第4章　企業と従業員	
第5章　企業と消費者	第11章　ソーシャル・ビジネス
第6章　株主・金融機関	第12章　ソーシャル・マーケティング
第7章　企業とサプライヤー	第13章　新しい企業社会

中央経済社